紛争リスクを回避する 自治体職員のための

住民監査請求・住民訴訟の基礎知識

著 松村 享

第一法規

はじめに

　地方分権改革の進展に伴い地方公共団体の自己決定権が拡大する中で、地方公共団体の責任も大きくなっています。地方公共団体における事務処理の適法、適正さがさらに強く求められるようになっています。事務処理の主体である地方公共団体自らが、事務処理上のリスクを評価、コントロールし、事務の適正な執行を確保する体制を整備することが必要です。

　一方、現行の住民訴訟制度は、議会による損害賠償請求権等の放棄の議決の有効性の判断基準を示した最高裁判決でも指摘されているように、地方公共団体の長や職員に個人として弁済能力を超えた過大で過酷な負担を負わせることによって、職務執行を萎縮させる場合がある等の課題があります。

　また、住民訴訟の過程において、議会の議決により地方公共団体の長等に対する損害賠償請求権を放棄することもいくつかの地方公共団体で行われています。こうした中で、地方公共団体の長等の損害賠償責任の見直しなどを内容とする地方自治法等の一部を改正する法律が2017年（平成29年）6月9日に公布されました。

　このように住民訴訟が注目され、重要性を増している今こそ、自治体職員としては住民訴訟制度を理解する必要があります。

平成30年9月

松村　享

目　次

はじめに ··· 1

第1章　住民監査請求 ·· 1

1　制度の意義 ··· 2
2　住民監査請求の対象となる団体 ··· 2
　(1)　地方公共団体について ·· 3
　(2)　土地開発公社及び地方独立行政法人について ·························· 4
3　請求先 ·· 5
4　請求権者 ··· 7
　(1)　住民の国籍、年齢等 ··· 7
　(2)　請求権者の住所 ··· 8
5　対象となる職員の範囲 ·· 10
　(1)　地方公共団体の長、委員会、職員等 ····································· 10
　(2)　議会の議員、議長 ·· 12
　(3)　地方公共団体の長の専決処分の場合 ····································· 13
6　監査請求の対象 ·· 14
　(1)　対象となる行為 ··· 14
　　①　公金の支出 ·· 15
　　②　財産の取得、管理又は処分 ·· 17
　　③　契約の締結又は履行 ··· 21
　　④　債務その他の義務の負担 ··· 24
　　⑤　当該行為がなされることが相当な確実性 ···························· 26
　　⑥　公金の賦課・徴収を怠る事実 ·· 26
　　⑦　財産の管理を怠る事実 ·· 27

目　次

  (2)　財務会計上の行為……………………………………………………27
  (3)　違法又は不当な財務会計上の行為…………………………………30
  (4)　請求対象の特定………………………………………………………31
   ①　事項の特定…………………………………………………………31
   ②　対象機関及び対象職員の特定……………………………………32
   ③　違法性又は不当性の特定の程度…………………………………33
 7　監査請求の内容………………………………………………………………34
 8　住民監査請求の要件・手続…………………………………………………35
  (1)　請求手続………………………………………………………………35
   ①　請求書の記載事項…………………………………………………35
   ②　押印…………………………………………………………………37
   ③　氏名の記載…………………………………………………………37
  (2)　請求の事実を証する書面の添付……………………………………37
   ①　添付の必要性………………………………………………………37
   ②　事実を証する書面の形式及び内容………………………………38
  (3)　監査請求の期間………………………………………………………39
   ①　起算日の原則………………………………………………………39
   ②　一連の予算執行手続の起算日……………………………………42
   ③　概算払の起算日……………………………………………………43
   ④　継続的行為における起算日………………………………………44
   ⑤　怠る事実にかかる期間制限………………………………………44
   ⑥　同一内容での再度の住民監査請求の可否………………………47
   ⑦　住民監査請求が却下された場合…………………………………49
 9　住民監査請求の形式的要件と要件審査……………………………………49
  (1)　要件審査………………………………………………………………49
   ①　請求書の受付………………………………………………………50

　　　　② 監査請求書の補正（監査委員の補正請求義務）……………50
　　(2) 審理手続……………………………………………………………53
　　　　① 監査委員の除斥……………………………………………53
　　　　② 証拠の提出及び陳述の機会………………………………53
　　　　③ 暫定的な停止勧告制度……………………………………54
　　(3) 監査の実施………………………………………………………55
　　(4) 個別外部監査による監査請求…………………………………56
　　(5) 勧告を受けた執行機関等の措置………………………………57
　　(6) 監査結果に対する賠償請求……………………………………58

第2章　住民訴訟……………………………………………………61

1　制度の概要……………………………………………………62
　　(1) 制度の経緯………………………………………………………62
　　(2) 住民訴訟の法的性格……………………………………………65
　　(3) 住民訴訟の目的…………………………………………………65

2　住民訴訟の要件………………………………………………67
　　(1) 住民訴訟を行うことができる者………………………………67
　　(2) 住民監査請求を経ていること（監査請求前置主義）………67
　　(3) 住民監査請求と住民訴訟の対象の同一性……………………68
　　　　① 対象事実の同一性…………………………………………68
　　　　② 措置の相手方の同一性……………………………………69
　　　　③ 違法性の同一性……………………………………………70

3　住民訴訟の類型………………………………………………71
　　(1) 4類型の概要………………………………………………………71
　　　　① 1号請求………………………………………………………72
　　　　② 2号請求………………………………………………………76

目 次

  ③ 3号請求………………………………………………………80
  ④ 4号請求………………………………………………………82
 4 4号請求固有の問題……………………………………………86
  (1) 当該職員の賠償責任の根拠…………………………………87
   ① 新地方自治法243条の2の2第1項に基づく賠償責任………87
   ② 債務不履行責任………………………………………………89
   ③ 不法行為責任…………………………………………………90
  (2) 職員の不当利得返還責任……………………………………95
  (3) 職員等以外の者に対する損害賠償・不当利得返還請求………96
  (4) 損害の発生……………………………………………………97
  (5) 損害賠償額の算定……………………………………………99
  (6) 先行行為の違法性…………………………………………100
   ① 川崎市退職金支払無効住民訴訟上告審判決………………100
   ② 1日校長事件…………………………………………………101
   ③ 県議会野球大会旅費等返還請求事件………………………102
   ④ 築上町移転補償費支出事件…………………………………103
 5 住民訴訟の訴訟手続……………………………………………105
  (1) 管轄……………………………………………………………106
  (2) 出訴期間………………………………………………………106
  (3) 別訴の禁止……………………………………………………107
  (4) 当事者能力……………………………………………………108
  (5) 訴訟告知………………………………………………………109
  (6) 訴訟参加………………………………………………………110
  (7) 被告の変更……………………………………………………112
  (8) 訴えの変更……………………………………………………113
   ① 概要と変更の類型……………………………………………113

② 変更の可否··114
　(9)　訴訟の承継···114
　(10)　住民訴訟と和解···115
　(11)　請求の放棄、訴えの取下げなど··116
6　訴訟費用···117
　(1)　訴訟費用の敗訴者負担···117
　(2)　訴訟を提起する場合の貼付印紙··117
　(3)　原告住民勝訴の場合の弁護士費用の負担···117
7　住民訴訟と民事保全法··120
8　判決の効力··120
　(1)　既判力···120
　(2)　形成力···121
　(3)　拘束力···121
9　地方公共団体による上訴···121
10　4号訴訟の判決後の手続···122

第3章　自治体職員にとって重要な判例・裁判例··········125

1　政教分離に関する判例··126
　①　津地鎮祭違憲訴訟大法廷判決···126
　②　愛媛玉串料訴訟上告審判決··127
　③　砂川事件···128
　　　ポイント··129
2　契約に関する判例··130
　①　村有地競争入札売却事件··130
　②　町有地随意契約売却事件··130
　③　農業集落排水工事随意契約事件··131

目　次

  ④　賃借料返還等請求事件 …………………………………………… 132
 3　地方財政法に関する判例 ……………………………………………… 133
  ①　ミニパトカー寄付事件 …………………………………………… 133
  ②　昆虫の森負担区分事件控訴審判決 ……………………………… 134
   ポイント ……………………………………………………………… 135
 4　寄付又は補助に関する判決 …………………………………………… 135
  ①　元議員会補助金交付事件 ………………………………………… 135
  ②　「陣屋の村」補助金交付事件 …………………………………… 136
  ③　自治会集会所用地無償譲渡事件 ………………………………… 136
   ポイント ……………………………………………………………… 137
 5　職員の給与等に関する判例 …………………………………………… 137
  ①　昼休み窓口業務特殊勤務手当支給事件 ………………………… 137
  ②　臨時職員に対する期末手当支給事件 …………………………… 138
  ③　特別区区長に対する管理職手当支給条例 ……………………… 140
  ④　滋賀県行政委員会委員報酬事件 ………………………………… 141
  ⑤　川崎市退職金支払事件 …………………………………………… 142
  ⑥　職員給与支給差止等請求事件 …………………………………… 142
 6　土地開発公社に関する判例 …………………………………………… 143
  ①　宮津市土地開発公社委託契約事件 ……………………………… 144
   ポイント ……………………………………………………………… 145
 7　怠る事実に関する判例 ………………………………………………… 145
  ①　はみ出し自動販売機住民訴訟上告審判決 ……………………… 145
  ②　ごみ焼却施設建設工事指名競争入札事件 ……………………… 146
  ③　求償権行使懈怠違法確認等請求事件 …………………………… 147
   ポイント ……………………………………………………………… 148

8　議会の議決に関する判例……………………………………………148
- ①　市庁舎建設基本設計業務委託契約解除事件……………………148
- ②　町有財産低廉価格売却事件………………………………………149
- ③　世界デザイン博覧会住民訴訟上告審判決………………………150
- ④　鳴門競艇従事員共済会補助金交付事件…………………………151
- ⑤　日韓高速船株式会社補助金交付事件判決………………………152
- ⑥　警察予算支出禁止上告事件………………………………………152
-    ポイント…………………………………………………………153

9　権利放棄議決……………………………………………………………153
- ①　判決の概要…………………………………………………………155
- ②　関連判決……………………………………………………………157

10　自治体職員の住民訴訟対策…………………………………………159
- ①　4号請求訴訟において賠償責任や不当利得返還責任の要件を理解する……………………………………………………………………159
- ②　議会に対して十分な説明を行い、議決を求める………………160
- ③　判例を踏まえて政策判断を行う…………………………………160

第4章　住民訴訟制度の課題と法改正………………………………161

1　地方制度調査会及び住民訴訟制度の見直しに関する懇談会での議論………………………………………………………………………162

2　地方自治法の改正………………………………………………………162
- (1)　改正内容……………………………………………………………162
  - ①　長等の損害賠償責任の限定について…………………………162
  - ②　損害賠償請求権等の放棄に関する議決について……………163
- (2)　施行期日……………………………………………………………163
- (3)　地方公共団体の対応………………………………………………166

目　次

あとがき……………………………………………………173
参考文献……………………………………………………174
事項索引……………………………………………………175
判例索引……………………………………………………178

凡　例

〔判例集略称〕

最高裁判所民事判例集	**民集**
最高裁判所裁判集民事	**裁判集民**
行政事件裁判例集	**行集**
判例タイムズ	**判タ**
判例時報	**判時**
判例地方自治	**判自**

（表紙・カバーデザイン　コミュニケーションアーツ㈱）

第1章

住民監査請求

第 1 章　住民監査請求

1　制度の意義

　住民監査請求は、地方公共団体の住民が知事、市町村長などの執行機関や職員について、違法又は不当な財務会計上の行為があると思ったときに、監査委員に対して監査を求め、必要な措置を求める制度です。住民が、地方公共団体の事務執行のあり方や税金の使い方をチェックすることにより、財政の適正な運営を確保し、住民全体の利益を守ることを目的とするもので、住民自治において極めて重要な役割を果たしています。

　地方自治法においては、住民自治の制度としてこの他に直接請求による事務監査請求も設けられています。この請求は、選挙権を有する住民が、その総数の50分の1以上の者の連署をもって、当該地方公共団体の事務の執行に関し、その代表者から監査委員に対して監査を請求することができるものです（地方自治法75条1項）。

　監査委員は、請求があったときは、直ちに請求の要旨を公表することとされています（同条2項）。その後に、請求にかかる事項につき監査し、その結果の報告を決定して、これを請求の代表者に送付しかつ公表するとともに、議会・地方公共団体の長その他の関係執行機関にも提出しなければなりません（同条3項）。

　この事務監査請求制度は、住民が、地方公共団体の行政運営の適正化を求めるために認められる制度です。これに対して住民監査請求・住民訴訟は、地方公共団体の職員による財務会計上の違法又は不当な行為を防止することを主な目的としています。なお、住民訴訟の目的については、65頁で詳しく説明します。

2　住民監査請求の対象となる団体

　住民監査請求の対象となる団体について、地方自治法242条1項では普通地方公共団体を対象とする旨の規定がされています。ただ、地方自治は普通地方公共団体だけでなく、様々な団体が担っているため、どのような団体が住民監

査請求の対象となるかが問題となります。

(1) **地方公共団体について**

　住民監査請求の対象として、まず問題となるのは、特別地方公共団体です。このうち特別区については、地方自治法283条によって政令による特別の定めを除いて「市」の規定が準用されるので、住民監査請求・住民訴訟についても準用されます。

　また、一部事務組合等の組合については地方自治法292条により、普通地方公共団体の規定が準用されるため、組合の設立主体である地方公共団体の住民は組合に対して住民監査請求・住民訴訟を行うことができます。

　財産区に関しては、このような準用規定などはありませんが、学説、判例とも住民監査請求・住民訴訟に関する規定が準用されるものと解しています[1]。ただし、原告適格を、財産区の区域内の住民に限るか、あるいは当該地方公共団体の住民であれば財産区の区域内の住民に限らないかが、問題になります。この点については、沿革的に財産区制度が、市町村制の制定に当たって財産を有する旧村や旧部落に対して市町村とは別個の権利帰属主体としての地位を与え、当該財産区住民がその財産につき有していた利益をそのまま確保できるようにすることを意図して設けられた制度であることなどを理由として、財産区の区域内の住民のみに限るとする裁判例もあります[2]。

　しかし、財産区の予算は、その属する普通地方公共団体の予算と一体のものとして編成されるなど、財産区は財政的に独立性を有していないことから、当該地方公共団体の住民であれば財産区の区域内の住民に限らないと解するべきでしょう。前述の裁判例の控訴審判決[3]においても、「財産区についても法242

1　大阪高判平成8年6月26日行集47巻6号485頁
2　京都地判昭和58年10月21日行集34巻10号1784頁、大阪地判平成5年12月22日行集44巻11・12号1038頁
3　前掲注1

第1章　住民監査請求

条及び同条の2が適用されるとすると、財産区の住民のみならず、当該財産区の所在する地方公共団体の住民にも財産区についての住民訴訟の原告適格を認められる」としています。住民監査請求についても同様に考えるべきでしょう。なお、財産区には監査委員が置かれていないため、財産区に関する住民監査請求は、財産区の属する市町村の監査委員に対して行うことになります。

(2) 土地開発公社及び地方独立行政法人について

　土地開発公社は、公有地の拡大の推進に関する法律に基づいて地方公共団体が設立する団体です。その業務としては地方公共団体の公共事業のために必要な土地等の取得及び造成その他の管理等を行うもので（同法17条）、設立団体である地方公共団体と非常に密接な関係にあります。

　また、住民の生活、地域社会及び地域経済の安定等の公共上の見地からその地域において確実に実施されることが必要な事務であっても、地方公共団体自らが実施する必要のない事務もあります。しかし、そのような事務でも民間の主体に任せたのでは必ずしも実施されないおそれがあるものもあります。そのような事務を効率的かつ効果的に行わせることを目的として、地方公共団体が設立する法人が地方独立行政法人です（地方独立行政法人法2条1項）。いわば官と民の中間的な立場で、事務を行う存在です。

　このように土地開発公社も地方独立行政法人も、地方公共団体からは独立した法人であるにもかかわらず、地方公共団体の行政運営に大きくかかわっているため、住民監査請求の対象になるかが問題となります。

　地方自治法242条では、地方公共団体の長、委員会・委員又は職員について、違法・不当な財務会計上の行為があると認めるとき、必要な措置を講ずべきことを請求することができるものとされているのみです。そのため、地方公共団体とは別の法人格を有する土地開発公社や地方独立行政法人に対しては、住民監査請求を行うことができないものと解されます。さらに、土地開発公社や地方独立行政法人に対しては、住民訴訟も提起できないものと解されます。

［図表１-１］　住民監査請求の対象となる団体

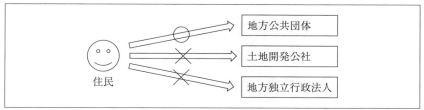

3　請求先

　住民監査請求は、監査請求を行おうとする住民が居住している地方公共団体の監査委員に対して請求することとされています（地方自治法242条1項）。監査委員は、地方公共団体の財務に関する事務の執行及び経営に係る事業の管理を監査するために設置されている機関です（同法199条1項）。

監査委員による監査

　監査委員が行う監査には、次のような種類があります。
(1)　一般監査
　監査委員は、地方公共団体の財務に関する事務の執行及び地方公共団体の経営に係る事業の管理を監査します（財務監査。地方自治法199条1項）。ただし、①自治事務にあっては労働委員会及び収用委員会の権限に属する事務で政令で定めるもの、②法定受託事務にあっては国の安全を害するおそれがあることその他の事由により監査委員の監査の対象とすることが適当でないものとして政令で定めるものについては監査の対象外とされています（同条2項）。
　この監査は、毎会計年度少なくとも1回以上期日を定めて行わなければなりません（同条4項）。また、それ以外に必要があると認めるときは、いつでも一般監査を行うことができます（同条5項）。さらに、必要があると認めるときは、地方公共団体の事務の執行について監査を行うことができ

第1章　住民監査請求

ます（行政監査。同条2項）。
(2)　特別監査

　住民、議会、知事・市町村長からの請求・要求により監査委員が、その事項について監査を行うのが特別監査です。その請求のあった事項が監査の対象となります。特別監査としては次のものがあります。

①　直接請求に基づく監査

　住民の直接請求に基づく監査で、その地方公共団体の事務全般が対象となります（地方自治法75条）。

②　議会の請求による監査

　議会は、監査委員に対してその地方公共団体の事務に関する監査を求めることができます（地方自治法98条2項）。その内容は、直接請求に基づく場合と同様に地方公共団体の事務全般が対象となります。ただし、一般監査と同様に①自治事務にあっては労働委員会及び収用委員会の権限に属する事務で政令で定めるもの、②法定受託事務にあっては国の安全を害するおそれがあることその他の事由により監査委員の監査の対象とすることが適当でないものとして政令で定めるものについては監査の対象外とされています。

③　知事・市町村長の要求による監査

　知事・市町村長から地方公共団体の事務の執行に関し監査の要求があったときは、監査委員が監査を行います（地方自治法199条6項）。

④　職員の賠償責任の監査

　会計管理者、会計管理者の事務を補助する職員、資金前渡を受けた職員、占有動産を保管している職員、物品を使用している職員が故意又は重大な過失（現金については、故意又は過失）により、現金、有価証券、物品、占有動産、物品を亡失又は損傷したときは、これによって生じた損害を賠償しなければなりません（新地方自治法243条の2の2第1項）。

　知事・市町村長は、職員が損害を与えたと認めるときは、監査委員に対し、その事実があるかどうかを監査し、賠償責任の有無及び賠償額を

> 決定することを求め、その決定に基づき、期限を定めて賠償を命じなければなりません（同条3項）。
> ⑤　住民監査請求による監査

4　請求権者

(1)　住民の国籍、年齢等

　住民監査請求を行う「住民」は国籍を問わないし、法律上の行為能力を有する限り、自然人であるか法人であるかも問いません（行政実例：昭和23年10月30日）。年齢も要件となっていないので、未成年者も含まれると解されています。

　権利能力なき社団が住民訴訟を行うことができるかについて裁判例[4]では「住民訴訟は、地方公共団体の財務会計行為の適正を確保するための制度であるから、少なくとも地方公共団体に対して納税義務を負担している者には原告となり得る余地が確保されていることが合理的であると解される。そうであるところ、地方公共団体に住所を有する個人、法人だけでなく、権利能力なき団体（略）も地方税の納税義務を負担することとされている（地方税法12条）。よって、権利能力なき団体も住民訴訟の原告となり得る」とされています。

　ただし、住民でさえない者たちが住民訴訟を提起する目的で参集して、権利能力なき社団を結成し、その主たる事務所を当該地方公共団体の区域内に置くことによって、住民訴訟を提起することは、住民訴訟の制度趣旨に反するとして、このような場合には原告適格を有さないと判断した事例があります[5]。住民監査請求についても、同様だと解されます。

　さらに、代理人により住民監査請求を行うことができるかについても問題となりますが、熊本地判平成16年8月5日[6]では、地方自治法上「代理人による住民監査請求を行うことができないとする定めは設けられていない。そして、

---

[4]　横浜地判平成15年3月31日判自247号58頁

[5]　福岡地判平成10年3月31日判時1669号40頁

[6]　判自276号94頁

第1章　住民監査請求

住民監査請求が代理人の意思表示によって行われたものであったとしても、その請求権の行使が当該地方公共団体の住民である本人の意思に基づくものであることが手続上明確に確認できるのであれば、事柄の性質上、特段支障が生じるとは解されない。そうすると、住民監査請求については、民法の代理に関する規定が類推適用され、代理人による請求であっても適法な請求と評価するのが相当である」であるとして、代理人による住民監査請求を認めています。

(2)　請求権者の住所

　住民監査請求は、住民であれば誰でも、自己の個人的権利利益とかかわりなく、「住民全体の利益のために、いわば公益の代表者として[7]」地方公共団体の財務会計上の行為の適正を期すために、一人でも行うことができます。この「住民」の意義について地方自治法10条1項では、「市町村の区域内に住所を有する者は、当該市町村及びこれを包括する都道府県の住民とする」としています。

　そこで、「住所を有する者」の解釈が問題となりますが、住民訴訟における裁判例では判断が分かれています。まず、奈良地判昭和57年3月31日[8]では、「住民の居住関係の確定、証明一般については住民基本台帳法がこれを定めており、同法による住民票の記載は住民の届出に基づいて市町村長がこれを作成するものであつて高度の公証的機能を有し、選挙人名簿の登録を始めとして住民に関する各種行政事務はこれを基礎として行なわれていることに照すと、法242条の2第1項の住民とは原則として当該市町村の備える住民基本台帳に記録されたものすなわち当該市町村に住民票を有する者を指すものと解するのが相当である」として住民基本台帳に基づいて判断することとしています。

　一方、和歌山地判昭和63年9月28日[9]では、「民法においては各人の生活の

7　最判昭和53年3月30日民集32巻2号485頁
8　行集33巻4号785頁
9　行集39巻9号938頁

本拠を住所とする旨定められているところ（民法22条）、およそ法令において人の住所につき法律上の効果を規定している場合、反対の解釈をなすべき特段の事由のない限り、その住所とは各人の生活の本拠を指すものと解するのが相当である。そして、地方自治法における住所について、これを別異に解釈すべき特段の事由を見いだすことができないのみならず、地方公共団体の執行機関及び職員による財政上の違法、不当な行為を予防、是正する権利を個々の住民に与え、その実効性を裁判所の判決によつて確保しようとする住民訴訟の趣旨に照らしても、当該地方公共団体の区域内に生活の本拠を有し、その行政の運営について直接利害関係を有する者に原告となりうる資格を付与するのが妥当である。そうすると、地方自治法10条１項における住所とは各人の生活の本拠を指すものと解すべきであり、住民訴訟については、当該地方公共団体の区域内に生活の本拠を有する者が原告として右訴えを提起する資格を有するものというべきである」として、住民基本台帳に記録されていても、他市に生活の本拠があると認められる者が提起した住民訴訟は不適法であるとしています。

　民法22条の規定を前提として「生活の本拠」に重点を置いた判断をするならば和歌山地裁のような考え方も可能だと考えられます。しかし、監査請求書のみから、生活の本拠の有無を判断することは困難であるため、原則としては奈良地裁の判決のように住民基本台帳に登録されている者が住民であると判断すべきだと考えます。

　なお、この住民たる資格は、住民監査請求を行うときだけでなく監査委員が監査を終了するまで有していなければならず、監査の途中で転出等により失った場合には住民監査請求は却下されます[10]。また、住民監査請求を行った者が死亡した場合、住民監査請求に伴う公法上の権利は一身専属的なものであるため、相続によって監査は承継されることなく終了することになります。

　また、法人の場合は主たる事務所の所在地（一般社団法人及び一般財団法人に関する法律４条）又は本店の所在地（会社法４条）が住所となります。営業所を設置しているのみでは、住所を有するものとは認められないとされています[11]。

第1章　住民監査請求

5　対象となる職員の範囲

(1)　地方公共団体の長、委員会、職員等

　住民は、地方公共団体の長、委員会、委員あるいは職員について、違法・不当な公金の支出、財産の取得・管理・処分、契約の締結・履行又は債務その他の義務の負担があると認めるとき、あるいは違法・不当に怠る事実があると認めるときは、住民監査請求を行うことができます（地方自治法242条1項）。ただし、委員会・委員は原則として公金の支出等の財務会計上の行為を行う権限を有さない（地方自治法149条2号、地方教育行政の組織及び運営に関する法律22条等）ため、地方公共団体の長が委員会・委員に対して権限を委任した場合を除いて、委員会・委員及びその補助職員は住民監査請求の対象となりません。

　この職員については、すべての職員が対象になるわけではなく、法令により財務会計上の行為を行う権限を有する者及びその者から権限の委任を受けた者等に限ると解されています[12]。つまり、地方自治法153条の規定に基づき地方公共団体の長から財務会計上の権限の委任を受けた職員、代理行為を行う職員、専決権限をゆだねられた者が対象となります。さらに、それらに者に対して指揮監督権限を有する者も含まれることになります。

10　東京地判昭和59年1月31日判タ534号140頁は、住民訴訟の原告適格に関する判断ですが、「法242条の2第1項4号に規定するいわゆる代位請求に係る住民訴訟も、実質的にみれば、権利の帰属主体たる地方公共団体と同一の立場においてではなく、住民として地方自治に直接参加する固有の立場において職員等に対し損害の補填を請求するものである。このような住民訴訟の目的及び性格並びに原告適格が訴訟係属中存続していることが民事訴訟の原則であることを考えると、住民訴訟の原告は、訴訟提起後その訴訟の係属中も当該地方公共団体の住民たる資格を有していることを要し、転出によつて当該地方公共団体の住民たる資格を喪失したときは当然に原告適格を失ない、その訴えは訴訟要件を欠く不適法なものとして却下を免れないものと解すべきである」としています。

11　神戸地判平成14年9月19日判自243号77頁

12　最判昭和62年4月10日民集41巻3号239頁

5　対象となる職員の範囲

権限の委任、代理、専決

(1)　委任

　行政庁（地方公共団体等の意思を決定し外部に表示する権限を持つ行政機関）が自己の権限の一部を他の行政機関に委任して行わせることを権限の委任といいます。受任機関はその権限を自己の名で行使するので、外形的には受任機関が自己固有の権限として行使するのと変わりません。このように権限の委任は法令の定める権限の一部を移動させることになるので、法令の根拠なしに行うことはできません。実際には多くの法令が権限の委任に関する定めを設けています。その際には、委任先の機関についても規定するのが一般的です。なお、地方公共団体の長の権限については、その地方公共団体の職員に委任することが一般的に規定されているので（地方自治法153条1項、167条1項）、個別法の規定は不要です。

(2)　代理

　代理は、本来の行政庁が授権行為を行うことによって代理関係が生ずるものです。権限の代理においては、対外的には権限は移動しておらず、本来の行政庁に属したままです。代理機関は、本来の行政庁の代理者であることを明示して（顕名）行為を行い、それは本来の行政庁の行為とみなされます。

(3)　専決

　行政庁が事務処理の決定を補助機関にゆだねるが、対外的には本来の行政庁の名で表示する場合があります。これを専決といいます。内部的委任と呼ばれることもあります。地方公共団体の行政機関の窓口で、職員が長の記名押印のある証明書（例：戸籍に関する証明書）を作成して交付するのはその例です。権限の委任や代理の場合と異なり、実際に意思決定をした者がだれかは表示されません。対外的に権限は移動していないため、専決については法令の根拠は不要とされています。本来の行政庁は、その事務処理につき個々に関知していなくても自己の行為として対外的に責任を負うことになります。

第1章　住民監査請求

　なお、地方公共団体の委員会とは、長から一定の独立制を有する執行機関として設置される機関です（地方自治法180条の5）。

[図表1-2]　地方公共団体が設置しなければならない委員会、委員

設置団体	委員会・委員
都道府県、市町村ともに設置する委員会・委員	・教育委員会 ・選挙管理委員会 ・人事委員会又は公平委員会 ・監査委員
都道府県のみが設置する委員会・委員	・公安委員会 ・都道府県労働委員会 ・収用委員会　　等
市町村のみが設置する委員会・委員	・農業委員会 ・固定資産評価審査委員会

(2)　**議会の議員、議長**

　地方公共団体においては議会の議決等の行為も財務会計上の行為にかかわるものもありますが、判例では「地方自治法234条の2による住民の監査請求及び訴訟は、地方公共団体の公金または財産に関する地方公共団体の長その他の職員の行為を対象とするものであつて、議会の議決の是正を目的とするものでない」と、議会の議決は財務会計上の行為に当たらないとしています[13]。

　また、議長の行為が対象となるかについても問題となります。議長交際費の支出等に関して議長に対する住民監査請求及び住民訴訟が認められるかについて争われた訴訟[14]では、法律上、議会の議長の権限としては、議会の事務の統理権（地方自治法104条）、議会の庶務に関する事務局長等の指揮監督権（同法138条7項）を有するものの、予算の執行権は普通地方公共団体の長に専属し（同法149条2号）、また、現金の出納保管等の会計事務は出納長又は収入役（現在の会計管理者）の権限とされており（同法170条1項、2項）、議会の議長は財務会

13　最判昭和37年3月7日民集16巻3号445頁
14　最判昭和62年4月10日民集41巻3号239頁

計上の行為を行う権限を有していないため、住民監査請求・住民訴訟の対象とはならないと判断しています。

議会の議長が、地方自治法242条の2第1項4号にいう「当該職員」となりうるかについて争われた事案において「地方自治法の規定によると、普通地方公共団体の議会の議長は、予算の執行に関する事務及び現金の出納保管等の会計事務を行う権限を有しないし、普通地方公共団体の長が支出負担行為等予算執行に関する事務の権限を委任する相手方としても予定されていない」として、議会の議長は「当該職員」とはなり得ないという判断がなされています[15]。

[図表1-3] 住民監査請求の対象なる者

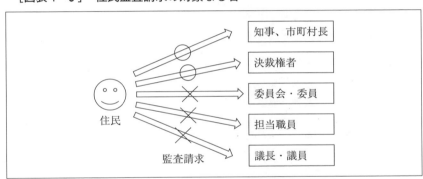

(3) 地方公共団体の長の専決処分の場合

地方自治法179条及び180条では、議会が議決すべき事件を知事や市町村長が専決処分により処理することを認めています。前述のとおり議会の議決は住民監査請求・住民訴訟の対象になりませんが、議決事件を知事等が専決処分により議会に代わって処分した場合には、知事等の行為は住民監査請求や住民訴訟の対象となるかが争われた裁判例があります。

15　最判昭和63年3月10日裁判集民153号491頁

第1章　住民監査請求

　裁判例の多くは、専決処分も住民監査請求・住民訴訟の対象となるものとしています。例えば、碇ケ関村長が特別職の給与等を引き上げる条例改正を行ったことに関して提起された住民訴訟において「同法242条の2による住民訴訟の対象となる行為は同法242条1項に監査請求の対象として掲げられている行為に限られ、したがって議会の行為自体を右訴訟の対象とすることはできないが、しかし、専決処分はあくまでも執行機関である長が法によって特に認められたその独自の権限に基づきその名においてなす行為であって、ただその効果において議会の議決と同一であるというものであるから、この法的効果の面のみを捉えてこれを議会の議決と同視し、一般的に住民訴訟の対象から除外することはできない」として、専決処分も住民訴訟の対象となると判断しています[16]。

　これに対して、愛知県稲沢市長が地方自治法179条1項に基づく専決処分により市役所庁舎建設用地を収得したことについて住民訴訟が提起された事案では、市長が「市議会に代つてなした意思決定であつて、前記住民訴訟の対象となる行為のいずれにも該当しないことが明らかである。よつて右専決処分の取消を求める控訴人の本訴は不適法である」としています[17]。

6　監査請求の対象

(1) 対象となる行為

　住民監査請求の対象となるのは、知事、市町村長、地方公共団体の委員会、委員又は職員による違法・不当な財務会計上の行為又は財務に関する怠る事実です。財務会計上の行為又は財務に関する怠る事実について、具体的には次のものが対象とされています。

> ①　公金の支出
> ②　財産の取得、管理又は処分

16　青森地判昭和52年10月18日判時895号65頁
17　名古屋高判昭和44年3月31日行集20巻2・3号317頁

> ③　契約の締結又は履行
> ④　債務その他の義務の負担
> ⑤　公金の賦課、徴収を怠る事実又は財産の管理を怠る事実
> 　※①から④については、その行為がなされることが相当な確実性をもって予測される場合を含みます。

　なお、地方公共団体の長による予算の調製については、財務会計上の行為に当たらないとした判例があります[18]。

① 　公金の支出

　公金とは、地方公共団体の機関の管理する現金及び有価証券をいうものとされています[19]。また、支出とは、「支出負担行為（支出の原因となるべき契約その他の行為）及び支出命令がされた上で、支出（狭義の支出：実際の金銭の支出）がされることによって行われるものである（地方自治法232条の3、232条の4第1項）」とされています[20]。

　「支出負担行為」とは、予算執行に第一段階で支出の原因となるべき契約その他の行為です（地方自治法232条の3）。例えば、地方公共団体を買主とする売買契約の締結や補助金の交付決定は、その地方公共団体に直接、金銭債務が生じることになるため、支出負担行為に当たります。

　「支出命令」とは、地方公共団体の金銭債務が確定した後に、地方公共団体の長がその支出を出納機関である会計管理者に命令する行為です。「狭義の支出」とは、地方公共団体の会計管理者による現金の交付、口座振替依頼書の交付等です。

　公金の支出に関しては、地方公共団体の長と会計管理者との関係の理解が不可欠です。地方公共団体の長は、公金支出の必要がある場合に支出命令を行い

18　最判平成28年7月15日判タ1430号121頁
19　関哲夫『住民訴訟論（新版）』（1997年、勁草書房）20頁
20　埼玉県議旅行損害賠償請求事件・最判平成14年7月16日民集56巻6号1339頁

ます。この支出命令を受けた会計管理者は、①支出負担行為が法令又は予算に違反していないこと及び②支出負担行為に係る債務が確定していることを確認したうえで支出を行うことになります。

このように、地方公共団体の支出手続において、支出を命ずる機関と実際に支出を行う機関とは分けられているのです。二段階のチェックを行うことにより、地方公共団体の財政運営の適法性、適正性を確保しています。そのため、地方公共団体の長及び会計管理者双方の行為が、財務会計上の行為に当たることになります。

[図表 1 - 4] 地方公共団体の支出手続

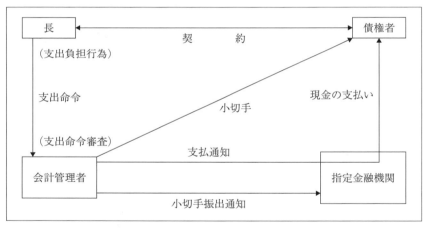

（出典：川﨑政司『地方自治法基本解説（第 7 版）』（2018年、法学書院）346頁）

また、支出の方法として、資金前渡、概算払、口座振替などが地方自治法において規定されています。

まず、資金前渡とは、資金前渡職員に概括的に経費の金額を交付して現金払いをさせることをいいます（地方自治法施行令161条）。資金前渡を受けた職員は、交付を受けた経費の目的に債務を負担し、その債務を履行するために現金を支出する権限を有します。そのため、資金前渡を受けた職員が行う債務負担

行為及び現金の支出が、住民監査請求・住民訴訟の対象となる財務会計上の行為となります。

判例、裁判例においても「資金前渡職員に対する資金の交付は、債権者に対する支払の便宜のためにされるにすぎず、交付された資金が公金としての性質を失うものではない」とされ[21]、資金前渡を受けた職員が行う契約締結等の債務を負担する行為、債権者に対する支払行為は、「いずれも、住民監査請求の対象となる同項の「公金の支出」にほかならないものとして、財務会計上の行為に該当する」としています[22]。

また、概算払とは、地方公共団体が支払うべき債務金額の確定前に概算をもって支出する方法をいいます。概算払が「公金の支出」に当たるかが争われた事案があります。判決では「概算払は、地方自治法が普通地方公共団体の支出の一方法として認めているものであるから（232条の5第2項）、支出金額を確定する精算手続の完了を待つまでもなく、住民監査請求の対象となる財務会計上の行為としての公金の支出に当たるものというべきである。」と判断しています[23]。

② **財産の取得、管理又は処分**

地方公共団体の「財産」とは、公有財産、物品、債権及び基金をいいます（地方自治法237条1項）。具体的には、不動産、動産、用益物権、無体財産権、有価証券、金銭債権等の財産権の対象となるもので、地方公共団体が有するものは原則としてすべてが対象となります。また、地方公共団体に属する財産は、住民が負担した公租公課等によって形成されたものだけでなく、他の原因により地方公共団体に帰属することとなったものであっても、その処分は住民監査請求・住民訴訟の対象となります[24]。

「取得」とは、契約等によって地方公共団体が財産権を保有する効果を発生

21　最判平成18年12月1日民集60巻10号3847頁
22　東京地判平成14年6月21日民集60巻10号3875頁
23　最判平成7年2月21日裁判集民174号285頁
24　最判平成10年11月12日民集52巻8号1705頁

第1章　住民監査請求

させる行為をいいます。不動産等の財産についての売買契約の締結等がこれに当たります。なお、行政処分による場合も「取得」に当たるかという点について、判例では換地処分によって地方公共団体が財産を取得する場合は、財務会計上の行為には当たらないものとしています[25]。

「管理、処分」とは、財産について財産的価値の維持、保全あるいは実現等財務的処理を目的とする行為をいいます。なお、道路管理のように公物管理については、財務的処理を直接の目的とするものではないため、財産の管理、処分には当たらないとされています。

> **1　地方公共団体の財産**
>
> 　地方公共団体の財産には、公有財産、物品、債権及び基金があります。これらの財産については、法律、条例又は議会の議決による場合でなければ、交換や出資の目的としたり、支払手段として使用することはできません。また適正な対価なく譲渡したり、貸し付けることもできません（地方自治法237条）。
>
> **2　財産の区分**
>
> (1) 公有財産
>
> 　公有財産とは、地方公共団体の所有に属する財産のうち、次のものをいいます（地方自治法238条）。ただし、これらのものであっても基金に属するものは、公有財産に含まれません。
>
> 　① 不動産
> 　② 船舶、浮標、浮桟橋・浮ドック及び航空機
> 　③ ①及び②の従物
> 　④ 地上権、地役権、鉱業権その他これらに準ずる権利
> 　⑤ 特許権、著作権、商標権、実用新案権その他これらに準ずる権利
> 　⑥ 株式、社債、地方債及び国債その他これらに準ずる権利
> 　⑦ 出資による権利

---

[25] 最判昭和51年3月30日裁判集民117号337頁

⑧　財産の信託の受益権
(2)　物品

　物品とは、地方公共団体が使用のために保管する動産及び地方公共団体の所有に属する動産をいいます。ただし、次に掲げるものを除きます（地方自治法239条）。

　　①　現金（現金に代えて納付される証券を含む。）
　　②　公有財産に属するもの
　　③　基金に属するもの

(3)　債権

　債権とは、金銭の給付を目的とする地方公共団体の権利をいいます。地方公共団体の長は、債権について、督促、強制執行その他その保全及び取立てに関し必要な措置をとらなければなりません。また、場合によっては徴収停止、履行期限の延長又は当該債権に係る債務の免除をすることができます（地方自治法240条）。

(4)　基金

　地方公共団体は、条例の定めるところにより、基金を設けることができます。この基金には、①特定の目的のために財産を維持し、資金を積み立てるための基金と　②定額の資金を運用するための基金の2種類があります（地方自治法241条）。①の基金は、特定の財源を確保するために設けられるもので、学校建築資金を調達する目的や地方債の償還の目的のためのものがあります。この基金については、その目的のためには、そこから生じる収益のみならず元本も処分し使用できます。一方、②の基金は財源調達の目的で設置されるものではなく、一定額の原資金を運用することにより特定の事業等を運営するために設けられるものです。

3　行政財産と普通財産

　地方公共団体の公有財産は、行政財産と普通財産に区分されます（地方自治法238条3項）。

(1)　行政財産

　行政財産とは、地方公共団体において公用又は公共用に供し又は供する

第1章　住民監査請求

ことと決定した財産をいいます（地方自治法238条4項）。この「公用」とは、地方公共団体がその事務事業のために直接に使用する財産をいいます。庁舎がその典型的な例です。「公共用」とは住民の利用に供することを目的とするものです。学校、図書館、病院などがその例です。

行政財産は、原則として、貸し付け、交換し、売り払い、譲与し、出資の目的とし、信託し、私権を設定することはできません（地方自治法238条の4）。ただし、用途又は目的を妨げない限度においてその使用を許可することができます（同条7項）。さらに、例外として、①一棟の建物を区分して所有するために貸し付ける場合、②庁舎等に余裕がある場合等には、その用途又は目的を妨げない限度において、貸し付け、又は私権を設定することができます（同条2項）。

(2) 普通財産

普通財産とは、行政財産以外の一切の公有財産をいいます（地方自治法238条4項）。普通財産は、地方公共団体の財産として経済的価値に従って利用することができます。したがって、貸し付け、交換し、売り払い、譲与し、出資の目的とし、私権を設定することができます（地方自治法238条の5）。

［図表1-5］　地方公共団体の財産の分類

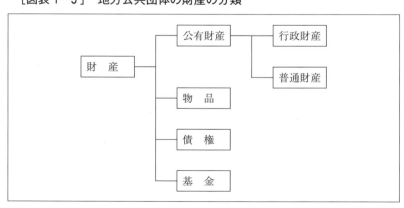

③　契約の締結又は履行

　地方公共団体を一方の当事者とする売買、贈与、交換、賃貸借等の財産上の契約の締結については、原則として、住民監査請求・住民訴訟の対象となります。ただし、地方公共団体が無償で贈与を受ける贈与契約については、「公金の支出、義務の負担ないしは財産上の損失を伴わない単なる収入を発生させるにとどまる行為は、かりにそれが違法な場合であつても、同条4項所定の住民訴訟の対象とすることはできない」として、財務会計上の行為に当たらないとされています[26]。

　住民訴訟の対象となる契約に当たるかが争われた事例として、茨城県七会村（現在の城里村）と防衛施設局長等とがした民有地に陸上自衛隊施設学校の訓練場を建設するなどを内容とする協定は、村が訓練場周辺の環境保全と住民の安全確認とを図るためにした一般行政上の目的に基づく公法上の契約であり、住民訴訟の対象となる財務上の契約に当たらないとしたものがあります[27]。

　契約に基づいて、自治体が金銭債務の履行として公金の支出を行うことが多くありますが、このような場合は「契約の履行」であるとともに「公金の支出」にも該当することになります。そのため「契約の履行」固有の問題とされる場合は限られます。例えば、「売却行為は、単に売買契約の締結によつて完結するものではなく、当該売買契約の履行、すなわち当該土地の所有権を完全に移転させることもこれに含まれる」として公有財産の売買の場合における所有権移転登記がこの履行に当たるとしています[28]。

> 1　地方公共団体における契約の基本ルール
> 　地方公共団体の締結する売買、貸借、請負その他の契約は、地方自治法によって、一般競争入札、指名競争入札、随意契約又は競り売りの方法によるものとされています。このうち、指名競争入札、随意契約又は競り売

26　最判昭和48年11月27日裁判集民110号545頁
27　水戸地判平成元年3月14日行集40巻3号153頁
28　大阪地判昭和55年6月18日民集41巻4号697頁

りの方法は、政令の定める場合に該当するときに限り、これによることができるとされており、一般競争入札によることが原則となっています。

この規定に違反した場合、その契約に伴う支出等は住民監査請求・住民訴訟において違法とされる可能性があります。

(1) 一般競争入札

入札情報を公告して参加申込を募り、希望者同士で競争に付して契約者を決める方式を一般競争入札といいます。一般競争入札は、原則として広く誰もが入札に参加できる機会を与え、できるだけ地方公共団体に有利な条件で申込をした者と契約を締結しようとするものですが、地方公共団体として契約の適正な履行を確保する必要があるため、地方自治法施行令で参加資格について制限が加えられています。

(2) 指名競争入札

発注者である地方公共団体が指名した者同士で競争に付して契約者を決める方式を指名競争入札といいます。地方自治法施行令において次の場合にだけ例外的に指名競争入札が認められています。

① 工事又は製造の請負、物件の売買その他の契約でその性質又は目的が一般競争入札に適しないものをするとき。

② その性質又は目的により競争に加わるべき者の数が一般競争入札に付する必要がないと認められる程度に少数である契約をするとき。

③ 一般競争入札に付することが不利と認められるとき。

(3) 随意契約

随意契約とは国、地方公共団体などが入札によらずに任意で決定した相手と契約を締結することをいいます。地方公共団体の契約では入札を行うことが原則で、随意契約は法令の規定によって認められた場合にのみ行うことができます。具体的に地方自治法施行令において次の場合に限って随意契約を締結することができます。

① 売買、貸借、請負その他の契約でその予定価格が地方自治法施行令別表第5に掲げる額の範囲内において地方公共団体の規則で定める額

を超えない契約（比較的低額の契約）
　② 契約の性質又は目的が競争入札に適しないものをするとき。
　③ 地域活動支援センター、小規模作業所等において製作された物品を地方公共団体の規則で定める手続により買い入れる契約
　④ シルバー人材センター等から地方公共団体の規則で定める手続により役務の提供を受ける契約
　⑤ 緊急の必要により競争入札に付することができないとき。
　⑥ 競争入札に付することが不利と認められるとき。
　⑦ 時価に比して著しく有利な価格で契約を締結することができる見込みのあるとき。
　⑧ 競争入札に付し入札者がないとき、又は再度の入札に付し落札者がないとき。
　⑨ 落札者が契約を締結しないとき。
(4) 総合評価競争入札

　先に説明したように地方公共団体の締結する契約は、原則は一般競争入札で行うこととされています。一般競争入札という最低価格による自動落札方式においては、価格のみで決定することになります。しかし、契約の目的によっては、単に価格だけでなく相手方の提案内容や事業者の経営姿勢などを含めて幅広い視点から契約の相手方を選定するほうが望ましい場合もあります。

　そのような視点を踏まえて、地方公共団体においては、1999年（平成11年）2月の地方自治法施行令の改正によって総合評価方式が可能になりました。すなわち施行令167条の10の2は、地方公共団体の長は、契約を締結しようとするときには、「当該契約の性質又は目的から」、最低価格による自動落札によらず、「価格その他の条件が当該普通地方公共団体にとって最も有利なものをもって申し込みをした者を落札者とすることができる」と定めています。これによって価格以外の点も考慮して落札者を決定できるとするものです。

地方公共団体の長は、総合評価競争入札を行おうとするときは、あらかじめ、学識経験を有する者の意見を聴かなければなりません。また、学識経験を有する者の意見を聴いた上で、事前に落札者決定基準を定めなければなりません。

2 契約に関するその他のルール

(1) 契約と予算上の措置

地方自治法232条の3では、「普通地方公共団体の支出の原因となるべき契約その他の行為（支出負担行為）は、法令又は予算の定めるところに従い、これをしなければならない」と規定されています。

したがって、地方公共団体が契約締結を行う場合には予算の措置がなされていなければなりません。この条項に違反して締結した契約の効力について、判例等において明確な判断はなされていませんが、法令に違反する契約として無効とされる可能性があります。

(2) 議決を要する契約

地方自治法96条1項5号及び8号で「その種類及び金額について政令で定める基準に従い条例で定める契約を締結すること」及び「その種類及び金額について政令で定める基準に従い条例で定める財産の取得又は処分をすること」については、議会の議決を必要とされています。

これを受けて政令別表で基準が定められており、その基準に基づいて各地方公共団体が条例で議決を要する契約の金額を定めています。その条例で定められた基準以上の契約を締結しようとする場合は議会の議決が必要で、議決を経ていない契約は、違法、無効とされる可能性があります。

④ 債務その他の義務の負担

債務その他の義務の負担は、行政処分、職務命令等のように「契約」以外の行為によって、地方公共団体に債務その他の義務の負担を生ぜしめる行為です。

例えば、京都市が山林の取得に関する民事調停事件において、同山林を約47

億円で買い取ることを内容とする簡易裁判所の調停に代わる決定を確定させたところ、この「決定に対して異議を申し立てる権限を有する京都市長が、これをしないという不作為は、それ自体、地方自治法242条1項所定の長の「財産の取得」又は「債務その他の義務の負担」として、財務会計行為に当たる」としています[29]。つまり、調停における決定に関して異議を申し立てないことによって47億円の支払債務を確定させたことが、債務その他の義務の負担に当たると判断されたのです。

債務その他の義務の負担のうち特に重要なものとして、補助金と職員の給与等が挙げられます。

a　補助金

地方公共団体の補助金交付は、地方自治法232条の2に「普通地方公共団体は、その公益上必要がある場合においては、寄附又は補助をすることができる。」と規定されていることに基づくものです。補助金の法的な性格について裁判例は、補助金とは「行政主体が他の事業を助成ないし、奨励するために金銭を給付することは行政主体が非権力的作用として行うものであつて、本来恩恵的、奨励的なものであり、私法上の贈与的性質のものとみるべきである」ただし、「奨励金ないし補助金交付の法形式をどのように定めるかは立法政策の問題であり、立法者において選択の自由がありその交付の形式を行政庁が一方的に行う行政処分として定立することも可能である」としています[30]。つまり、補助金は原則として「私法上の贈与契約」であり、例外的に法律や条例に基づく場合には交付決定は行政処分性を持つものと解されているのです。そのため、一般的に補助金の交付は、地方自治法242条1項で規定する「契約」になりますが、法律や条例に基づく補助金の交付決定は同項の「その他の義務の負担」に該当することになります。

b　職員の給与等

29　京都地判平成13年1月31日判自226号91頁
30　札幌高判昭和44年4月17日判時554号21頁

第1章　住民監査請求

　職員に対する給与、旅費その他の給付は、法律又は条例に基づく必要があります（地方自治法204条の2）。ただし、法律又は条例の規定がなされていたとしても、その規定は一般的、抽象的な基準を定めるのみです。

　なお、公務員を任用することによって、実質的には給料や退職手当の支出義務を負うことになりますが、任用のみで具体的に給料等の支出義務を負うものではないため、債務その他の義務には当たりません。特定の職員に対して実際に旅行命令等の職務命令がなされた場合には、実際に旅費の支出等の債務を負うことになります。

⑤　**当該行為がなされることが相当な確実性**

　①公金の支出、②財産の取得、管理又は処分、③契約の締結又は履行、④債務その他の義務の負担については、その行為がまだ行われていなくても、なされることが相当な確実性をもって予測される場合にも住民監査請求を行うことができます。裁判例において、「相当の確実さをもって予測される場合」とは、当該財務会計上の行為にかかわる諸般の事情を総合的に考慮して、当該行為が違法になされる可能性、危険性が相当の確実さをもって客観的に推測される程度に具体性を備えている場合をいう」とされています[31]。

⑥　**公金の賦課・徴収を怠る事実**

　公金の賦課とは、地方公共団体の執行機関が法令の規定に基づき、特定の人に対して地方税、分担金、使用料、加入金、手数料、過料等の納付を命ずる処分で、これによって具体的な金銭納付義務が発生します。また徴収とはこれらについて納付がない場合に地方税の滞納処分等として強制徴収することをいいます。怠る事実とは、地方公共団体の機関や職員が法律や条例によって義務付けられている財務会計上の職務を適正に遂行しないことをいいます。例えば、地方税法や地方公共団体の税条例の規定によって行うこととされている税の賦課や徴収を怠ることがこれに当たります。

　なお、公権力に基づく賦課、徴収の対象とならない金銭債権に関する義務を

31　大分地判平成11年9月20日判自200号48頁

怠ることは「財産の管理を怠る事実」に当たります。

⑦　財産の管理を怠る事実

　財産とは、前述のとおり、公有財産、物品、債権、基金をいいます。また、怠る事実とは、公金の賦課・徴収を怠る事実と同様に、法律や条例によって義務付けられている財務会計上の職務を適正に遂行しないことをいいます。

　怠る事実に関する重要な判例として、自動販売機を都道に権原なくはみ出して設置し、これによって東京都が都道の占用料相当額の損害を被ったとして都に代位して、損害賠償又は不当利得の返還を請求した住民訴訟があります。

　判決では、「地方公共団体が有する債権の管理について定める地方自治法240条、地方自治法施行令171条から171条の7までの規定によれば、客観的に存在する債権を理由もなく放置したり免除したりすることは許されず、原則として、地方公共団体の長にその行使又は不行使についての裁量はない」として、債権を理由もなく放置したり免除したりすることは許されないこととしています。

　ただし、この判例の事案のように「債権金額が少額で、取立てに要する費用に満たないと認められるとき」に該当し、これを履行させることが著しく困難又は不適当であると認めるときは、以後その保全及び取立てをしないことができるものとされている（地方自治法施行令171条の5第3号）」と徴収を行う必要がない場合もあわせて指摘しています[32]。

(2) 財務会計上の行為

　住民監査請求は、財務会計上の行為に限って対象とすることができます。しかし、職員の行為の中には、直接的には財務会計上の行為でない場合であっても、間接的には自治体に対して財務会計上の影響を及ぼすものもあります。

　そのような間接的に財務会計上の影響を及ぼす行為が財務会計上の行為に当たるかという点に関して、最高裁は「地方自治法242条の2所定のいわゆる住

32　最判平成16年4月23日民集58巻4号892頁

第1章　住民監査請求

民訴訟の対象となるものは同法242条1項所定の地方公共団体の執行機関又は職員による同項所定の一定の財務会計上の違法な行為又は怠る事実に限られる」として、直接的な財務会計上の行為に限る旨の判断をしています[33]。

　判例、裁判例において財務会計上の行為に当たらないとしたものとして、次のようなものがあります。

　市道として路線が認定され、道路の区域も決定された市道予定地の一部の土地につき道路状の形状にするため請負人をして道路建設工事を行わせる旨の工事施行決定書に決裁をし、その後、建設会社との間に締結された契約に基づき道路建設工事を行わせた行為は、「市道予定地を道路状の形状にすることにより道路整備計画の円滑な遂行・実現を図るという道路建設行政の見地からする道路行政担当者としての行為（判断）であって、本件土地の森林（保安林）としての財産的価値に着目し、その価値の維持、保全を図る財務的処理を直接の目的とする財務会計上の財産管理行為には当たらない」としています[34]。

　また、徳島市が、マンションを賃借して賃料を支出する一方で、当時同市の財政部長の職にあった者にこれを宿舎として貸与して、市が支出する賃料に比べて著しく安価な使用料を徴収したことについて、住民が同市は賃料と使用料との差額分を給付したものであり、この給付は、法律又は条例に基づかない職員に対する給付を禁じた地方自治法204条の2に違反し、住居手当の支給限度額を定めた徳島市職員の給与に関する条例に実質的に違反するほか、特定の職員に対してのみ便宜を図るものであるから憲法14条の趣旨に反すると主張して、同市に代位して徳島市長の職にある者に対し差額相当の損害金の支払を求めた住民訴訟があります。

　判決では、住民が「違法な財産会計上の行為と主張しているものは、前記の差額分の給付であることが明らかであり、当該給付なるものは、徳島市がA（筆者注：財政部長の職にあった者）に現実に金銭等を支給したというのではな

33　最判昭和51年3月30日裁判集民117号337頁
34　最判平成2年4月12日民集44巻3号431頁

く、実質的にみて同人に右差額分に相当する利益を与えたということを指すのであるから」公金の支出、財産の取得・管理・処分、契約の締結・履行、債務その他の義務の負担、公金の賦課・徴収を怠る事実、財産の管理を怠る事実の「いずれの事項にも当たらない」としました[35]。

さらに、千葉地判昭和53年6月16日[36]では、市道の一部についてした道路占用許可処分が、住民訴訟の対象となる市の財産の管理若しくは処分に当たらないとされています。

一方、財務会計上の行為に当たるとしたものとして、浦和地判昭和61年3月31日[37]では「公の施設の管理には、その本来の設置目的を達成するための見地からなされる行政上の管理とその財産的価値に着目して、これが維持、保存、運用のためなされる財産上の管理とが考えられ、後者についての行為又は怠る事実のみが住民訴訟の対象となる」とし、行政財産の目的外使用許可処分は、本来の目的を達成するためのものではなく、その目的を妨げない限度で、いわば財産の運用としてなされるもので財務会計上の行為に当たるとしています。

また、行政財産に関連して発生した損害賠償請求権や不当利得返還請求権は、私法上の財産であり、その管理は財務会計上の行為に当たるとした判例もあります[38]。

市が施行する土地区画整理事業において取得した保留地を随意契約により売却する行為が住民訴訟の対象となるかについて争われた事件の判決(最判平成10年11月12日民集52巻8号1705頁)では、「普通地方公共団体の所有に属する不動産は、公有財産として同法における「財産」に当たるものと規定されている(同法237条1項、238条1項1号)から、普通地方公共団体の所有に属する不動産の処分は、当該不動産が当該普通地方公共団体の住民の負担に係る公租公課等によって形成されたものであると否とを問わず、同法242条1項所定の「財産

---

35 最判平成10年6月30日判自178号9頁
36 行集29巻6号1127頁
37 判時1201号72頁
38 最判平成16年4月23日民集58巻4号892頁(はみ出し自動販売機住民訴訟判決)

の処分」として住民訴訟の対象になるものと解される。また、右の不動産について売買契約を締結する行為は、同項所定の「契約の締結」に当たり、住民訴訟の対象になるものと解される。」「市が保留地を定めるのは、土地区画整理事業の施行の費用に充てるためである（法96条2項）から、保留地の処分は、その財産的価値に着目してされる行為にほかならず、これについては、一般の財産の処分に関する法令の規定は適用されないものの、右の保留地を定めた目的に適合し、施行規程で定める方法に従わなければならないものと定められており（法108条1項）、施行規程のうち保留地の処分方法を定める規定（法53条2項6号）は、財務会計上の規範ということができる」とされています。

［図表1-6］　住民監査請求の対象となる財務会計上の行為

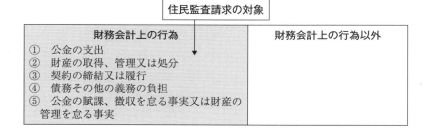

(3) 違法又は不当な財務会計上の行為

　住民監査請求では、違法又は不当な財務会計上の行為が対象とされています。違法とは、法令に違反することをいいます。また不当とは、違法にまでは至らないが適正な行政の観点からは妥当性を欠くことをいいます。住民訴訟は、違法な財務会計上の行為の是正のみを目的としているのに対して、住民監査請求では不当な財務会計上の行為も対象にしている点が大きな違いです。これは、三権分立の観点から裁判所は財務会計上の行為の違法性のみしか審理できませんが、住民監査請求は行政機関による自己統制の制度なので違法性のみならず不当性についても審理することができるためです。裁判所法3条1項でも裁判所は「法律上の争訟」を裁判すると規定されています。また、判例で

は、法律上の争訟とは「法令を適用することによって解決し得べき権利義務に関する当事者間の紛争」とされています[39]。不当かどうかという点は、裁量の問題で、法令の適用によって判断できないため、原則として裁判の対象とはならないとされています。

なお、法令上、行政機関に裁量権が認められている場合には原則として違法性は問題になりませんが、裁量権を逸脱あるいは濫用に及ぶ場合には違法とされる場合もあります。地方公共団体の長の裁量権の範囲について、地方自治法、地方財政法などの財務会計法規に関する地方公共団体の長の裁量権の範囲について「首長制と間接民主制とを基本とする現行地方自治制度の下においては、このような判断は、当該地方公共団体の議会による民主的コントロールの下、当該地方公共団体の長の広範な裁量に委ねられているものというべきであるから、長の判断が著しく合理性を欠き、長に与えられた広範な裁量権を逸脱又は濫用するものと認められる場合に限り」これらの法律に違法するものとされています[40]。

また、怠る事実の場合には、法律が作為義務を一義的に定めている場合に、この作為義務に違反する場合に、その怠る事実は違法とされます。例えば公金の賦課徴収については、作為義務は明確であり、一般的に裁量は認められていません[41]。そのため、行政機関が相当期間にわたりこれを怠ることは原則として違法となります。

(4) 請求対象の特定
① 事項の特定

地方自治法の条文上、住民監査請求に当たって請求対象を特定することは求められていませんが、監査の端緒を与える程度では足らずに監査対象となる事

---

[39] 最判昭和29年2月11日民集8巻2号419頁
[40] 大阪高判平成17年7月27日裁判所ウェブサイト
[41] 前掲注32：最判平成16年4月23日

第 1 章　住民監査請求

実が具体的に認識できるように個別的、具体的に特定されている必要があると解されています。

例えば大阪府水道部架空接待費支出事件上告審判決[42]では「住民監査請求においては、対象とする当該行為等を監査委員が行うべき監査の端緒を与える程度に特定すれば足りるというものではなく、当該行為等を他の事項から区別して特定認識できるように個別的、具体的に摘示することを要し、また、当該行為等が複数である場合には、当該行為等の性質、目的等に照らしこれらを一体とみてその違法又は不当性を判断するのを相当とする場合を除き、各行為等を他の行為等と区別して特定認識できるように個別的、具体的に摘示することを要するものというべきであり、監査請求書及びこれに添付された事実を証する書面の各記載、監査請求人が提出したその他の資料等を総合しても、監査請求の対象が右の程度に具体的に摘示されていないと認められるときは、当該監査請求は、請求の特定を欠くものとして不適法」であると、他の事項から区別して特定認識できるように個別的、具体的に摘示することを要するとしています。

② 　対象機関及び対象職員の特定

請求対象となる行為の特定の問題と同様に、請求対象となる行為を行うのが誰であるかを特定する必要があるかどうかも問題となります。最判平成14年7月16日[43]の調査官解説[44]では、「監査請求は、住民訴訟ほどには対象が厳格に特定されていなければならないわけではなく、具体的な監査請求が支出負担行為、支出命令、狭義の支出の全部を含む広義の支出全体としているとみられることは多いと思われ、むしろ、特に限定していない限り全部が対象とされていると解するのが相当であろうとし、また当事者対立構造をとるものではないから、監査請求の場合には具体的行為者が誰であるかの特定も必要ではない」と

42　最判平成2年6月5日民集44巻4号719頁
43　民集56巻6号1339頁
44　最高裁判所判例解説民事編（平成14年度（下））法曹会（大橋寛明）575頁

しています。

　一方、「職員の指定のない住民監査請求は要件不備として却下されることになります。ただし、(略)請求書全体から機関または職員を特定できる場合は、職員の指定があるものとして取り扱うことになりますし、また職員の指定は補正によって要件を具備しうる場合が多いので、補正を命ずべき」とした上で「もっとも、例えば自治法242条の2第1項4号の損害賠償代位請求のような場合は、その性格から厳密性を要求してもよいように思われます」と職員の特定を求める見解もあります[45]。

　住民訴訟の目的が地方公共団体の財務会計行為の適正化を求めることにあるとすれば、対象機関及び対象職員の特定はあまり厳格に求める必要がないと考えられます。ただし、4号請求については、特定の者に対して損害賠償請求あるいは不当利得請求を行うことを求める訴訟であることから、その相手方となる者については厳格な特定が求められます。

③　**違法性又は不当性の特定の程度**

　住民監査請求を行うに際して、対象となる行為が違法又は不当であることに関して、どの程度具体的に明確に特定する必要があるかについて裁判所の判断は分かれています。

　まず、特定を求めなかったものとして東京地判平成3年3月27日[46]があります。判決では、「監査請求において必要とされる財務会計上の行為あるいは怠る事実の違法性あるいは不当性に関する主張は、監査請求の全体の趣旨からみて、当該財務会計上の行為あるいは怠る事実が具体的な理由によって、法令に違反し、あるいは行政目的上不適当である旨を指摘すれば足り、特定の法令を挙げてこれに違反する旨までを常に摘示しなければならないものではないというべきである。」として、厳格な特定は求めていません。なお、本件については、監査請求全体の趣旨からみて法令違反となる旨を主張していることが明ら

45　伴義聖＝大塚康男『実務住民訴訟』(1997年、ぎょうせい) 19頁
46　行集42巻3号474頁

かであり、適法な監査請求であると判示しました。

一方、特定する必要があると判断した裁判例としては、東京地判平成10年9月16日[47]があります。判決では、住民監査請求は「単に違法、不当の疑いがあるとして、その調査を求め、違法又は不当な行為があった場合にその是正を求める趣旨と解すべきものであり、当該住民監査請求は、「違法、不当な行為」を個別的に特定するものではない」として適法な監査請求ではないと判断しました。

7　監査請求の内容

住民監査請求においては、地方公共団体の長、委員会等に対して次の措置を求めることができます（地方自治法242条第1項）。

・「違法又は不当な財務会計上の行為」を防止するために必要な措置
・「違法又は不当な財務会計上の行為」を是正するために必要な措置
・「違法又は不当な財務会計上の怠る事実」を改めるために必要な措置
・「違法又は不当な財務会計上の行為」又は「違法又は不当な財務会計上の怠る事実」によってその自治体が被った損害を補填するために必要な措置

この「必要な措置」の範囲については、法令上明確ではありませんが、地方公共団体の行政運営の適正化を求める住民監査請求の趣旨を踏まえて、幅広く解するべきです。「行為の差止め、無効、取消し、原状回復、損害賠償の請求等訴訟で請求しうる事項に限らず、当該行為をした職員を転任又は降任させ、あるいは公有財産を不法に占有している者に対し行政上の代執行又は民事上の強制執行の措置を取るべきことなど必要と認められる措置をひろく含む」とする見解もあります[48]。

しかし、住民監査請求が地方公共団体の財務の適正を確保することを目的とするものであることを勘案すれば、職員の転任、降任等、直接には財務会計上

47　判タ1041号195頁
48　松本英昭『新版 逐条地方自治法　第9次改訂版』（2017年、学陽書房）1046頁

の行為の是正につながらないものにまで広げることには疑問があります。

［図表1-7］　住民監査請求の対象となる事実と求める行為

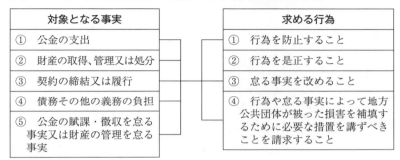

8　住民監査請求の要件・手続

(1)　請求手続

　住民監査請求は、その要旨を記載した文書（請求書）に、違法・不当な行為又は怠る事実を証する書面を添えて行うこととされています（地方自治法242条1項）。

①　請求書の記載事項

　請求の記載事項は、地方自治法施行規則13条及び同規則別記において、次のように定められています。

第1章　住民監査請求

○○都道府県、市町村職員措置請求書
（請求の対象とする執行機関・職員）に関する措置請求の要旨
1　請求の要旨

※注
請求の要旨として、次の事項を記載する必要があります。
・だれが（請求の対象とする職員）
・いつ、どのような財務会計上の行為を行っているか
・その行為は、どのような理由で、違法又は不当であるか
・どのような措置を請求するのか

2　請求者
　　・住所
　　・職　業
　　・氏名（自　署）（印）
　以上、地方自治法第242条第1項の規定により、別紙事実証明書を添え、必要な措置を請求します。

※注
　地方自治法第252条の43第1項の規定により、当該請求に係る監査について、監査委員の監査に代えて個別外部監査契約に基づく監査によることを求める場合には、その旨及び理由を記載します。

　　　　　　年　月　日
　　　　　　　　　　　　　　　　　　　　　　　　監査委員宛

② 押印

　前記のように、地方自治法施行規則で定める様式では、請求書には押印が必要とされています。しかし、押印がなかったことについて補正を求めたが拒否されたため監査請求を却下した事案において、地方自治「法施行規則13条及び別記様式が請求人に対し監査請求書に自署するほか、名下に押印することを求めている趣旨は、請求人が真に監査請求をする意思をもって監査請求をしたのかどうかを確認するためのものであると解されるから、仮に名下に押印がされていなくても、その監査請求が当該請求人の意思に基づくものであることが確認できる以上、単にその名下に押印がないとの一事をもってその監査請求を不適法とするのは相当でない」としている裁判例もあります[49]。

　住民監査請求制度の重要性等を勘案して、単に押印がないことだけを理由として請求を却下すべきではないと考えます。

③ 氏名の記載

　請求が戸籍名ではなく通称等を使用してなされた場合について、前掲記東京地判平成12年3月23日では「住民が監査請求書に通称名を記載して監査請求をした場合にも、それが当該住民の意思に基づくことが明らかである以上、監査委員はこれを適法なものとしてこれに応答する義務がある」としています。

　ただし、この裁判例を前提としても、請求者がその地方公共団体の住民であることが監査請求の要件であるため、通称で監査請求を行った場合には請求者がその地方公共団体の住民であることを監査委員が確認できるような特殊な場合に限り請求が認められることになります。

(2) 請求の事実を証する書面の添付

① 添付の必要性

　事実を証する書面の添付を求めている理由について、名古屋高金沢支判昭和44年12月22日[50]では、「違法又は不当な公金の支出等の事実を証する書面を添

49　東京地判平成12年3月23日判自213号33頁

第1章　住民監査請求

えることを要求しているのは、事実に基かない単なる憶測や主観だけで監査を求めることの弊害を防止するにある」としています。

ただし、京都地判昭和63年11月9日[51]は、京都府が知事、副知事、出納長に支給した退職手当金が無効な退職手当条例に基づくもので法律上の原因を欠く旨を主張して監査請求をしているものであるため書面の添付がなくとも監査委員ないし京都府において右支出は会計帳簿上自ら特定しこれを明確にし得る性質のものであることから、「監査請求の対象を特定され、濫用を防止するために必要とされる右書面の添付は、（略）とくに書面を必要としない特段の事情がある本件においては、右書面の添付がないからといって、本件監査請求が不適法であるとはいえない」として、事実を証する書面の添付が必ずしもなければならないわけではないと判断しています。

② 事実を証する書面の形式及び内容

住民監査請求に添付する「事実を証する書面」について、行政実例[52]では、「これを証するような形式を備えていれば一応受付なければならない、それが事実であるかどうかということは、監査委員の監査によつて初めて明らかになつてくるので、その前に事実を証する書面でないとして拒絶するというようなことは、法の趣旨でない」として、事実を証する書面については幅広く解しています。

判例においても、事実を証する書面として関連する新聞記事が添付されていた事案において、「住民監査請求においては、対象とする財務会計上の行為又は怠る事実（以下「当該行為等」といいます。）を、他の事項から区別し特定して認識することができるように、個別的、具体的に摘示することを要するが、監査請求書及びこれに添付された事実を証する書面の各記載、監査請求人が提出したその他の資料等を総合して、住民監査請求の対象が特定の当該行為等であ

50　行集20巻12号1726頁
51　判時1309号79頁
52　昭和23年10月30日各都道府県総務部長宛、自治課長回答

ることを監査委員が認識することができる程度に摘示されているのであれば、これをもって足りるのであり、上記の程度を超えてまで当該行為等を個別的、具体的に摘示することを要するものではない」として、新聞記事も事実を証する書面に当たるものとしています[53]。

さらに、事実を証する書面は「特段の要件や形式を要求されているものではなく、当該行為を具体的に記載しているものである限り、被控訴人（筆者注：監査請求人）作成の文書で足る」と監査請求人が作成した文書でもこれに当たるものと非常に幅広くとらえた裁判例[54]もあります。

また、事実を証する書面から監査対象事実がどの程度明確に認識できる必要があるかについて争われた事案において、「監査請求においては、当該行為等を、他の事項から区別し特定して認識することができるように、個別的、具体的に摘示することを要するが、監査請求書及びこれに添付された事実を「証する書面」（地方自治法242条1項）の各記載、監査請求人が提出したその他の資料等を総合して、監査請求の対象が特定の当該行為等であることを監査委員が認識できる程度に摘示されているのであれば、これをもって足りるのであり、上記の程度を超えてまで当該行為等を個別的、具体的に摘示することを要するものではない」として、書面のみならずその他の資料を併せて総合的に判断する旨を示しています[55]。

(3) 監査請求の期間

① 起算日の原則

住民監査請求は、当該行為のあった日又は終わった日から1年を経過したときは、行うことができません（地方自治法242条2項）。この期間制限が設けられている趣旨については、地方公共団体の「執行機関・職員の財務会計上の行為

53　最判平成16年11月25日裁判集民215号693頁
54　大阪高判平成1年1月27日行集40巻1・2号50頁
55　仙台高判平成18年2月27日判自305号29頁

第1章　住民監査請求

は、たとえそれが違法・不当なものであつたとしても、いつまでも監査請求ないし住民訴訟の対象となり得るとしておくことが法的安定性を損ない好ましくない」という趣旨だとされています[56]。

しかし、当該行為が地方公共団体の住民に隠れて秘密裡にされ、1年を経過してから初めて明らかになった場合等にもその趣旨を貫くのは相当でないことから、同項但書では、「正当な理由」があるときは、例外として当該行為のあった日又は終わった日から1年を経過した後であっても、住民が監査請求をすることを認めています[57]。

なお、どのような場合に、「正当な理由」があると考えるかについては判断が難しいのですが、判例では「当該行為が秘密裡にされた場合、同項但書にいう「正当な理由」の有無は、特段の事情のない限り、地方公共団体の住民が相当の注意力をもつて調査したときに客観的にみて当該行為を知ることができたかどうか、また、当該行為を知ることができたと解される時から相当な期間内に監査請求をしたかどうかによつて判断」するとされています[58]。

56　最判昭和63年4月22日裁判集民154号57頁
57　最判平成14年9月12日民集56巻7号1481頁
58　最判昭和63年4月22日裁判集民154号57頁

8 住民監査請求の要件・手続

　期間制限の1年は、いつから起算するのでしょうか。行政不服審査法や行政事件訴訟法の期間制限については、起算日として「処分があった時」という客観的な起算日を設けているほか、「処分があつたことを知つた日」等のように主観的な起算日も規定されています。これに対して住民監査請求では「当該行為のあつた日又は終わつた日」と客観的な起算日のみしか規定されていません。

　この点について大阪高判昭和46年8月31日[59]では、「監査請求が普通地方公共団体の住民に一般的に与えられている権利であり、しかも監査請求の対象となる行為が行われたことについて個々の住民に個別的に告知されるわけのものではないことから、その起算日を個々の住民の個別的な知不知にかからせると、個々の住民の主観的事情によつて起算日が区々となり、いつまでも法律関係が不安定な状態にとどまるおそれがあるため、法が、住民の個別的事情の考慮よりも、法律関係の画一的安定を優先させることとし、監査請求をする住民が当該行為をいつ知つたかにかかわりなく、客観的に、「当該行為のあつた日又は終つた日」を起算日としたものと解するのが相当である」としています。

59　判タ271号199頁

第1章　住民監査請求

[図表1-8]　原則的な期間制限

② 一連の予算執行手続の起算日

　地方公共団体における予算執行手続としては、契約（支出負担行為）、支出命令、実際の公金の支出のように、一連の財務会計上の行為として行われるのが一般的です。この一連の行為のうちどの時点をもって、期間制限の起算日と考えるべきかが問題となります。

　この点に関して、判例は、公金の支出は、支出負担行為（支出の原因となるべき契約その他の行為）、支出命令及び実際の公金の支出によって行われるもので、「これらは、公金を支出するために行われる一連の行為ではあるが、互いに独立した財務会計上の行為というべきものである。そして、公金の支出の違法又は不当を問題とする監査請求においては、これらの行為のいずれを対象とするのかにより、監査すべき内容が異なることになるのであるから、これらの行為がそれぞれ監査請求の対象事項となる[60]」として、それぞれの行為が独立した財務会計上の行為であり、それぞれの行為のあった日から各別に計算すべきものであるとしています。

60　最判平成14年7月16日民集56巻6号1339頁

[図表1-9] 一連の予算執行手続の起算日

　支出負担行為、支出命令及び支出はそれぞれ独立した財務会計上の行為であるため、それぞれを起算日として1年間監査請求することができます。

③　概算払の起算日

　概算払とは、地方公共団体が支払うべき債務金額の確定前に概算をもって支出する方法をいいます（地方自治法施行令162条）。概算払は、その性質上事後において必ず精算を行う必要がある点が前金払いと異なるところです。債務金額の確定前に支出することから、期間制限の起算日をどのように考えるかが問題となります。

　この点については、判例では、「概算払は、地方自治法が普通地方公共団体の支出の一方法として認めているものであるから（232条の5第2項）、支出金額を確定する精算手続の完了を待つまでもなく、住民監査請求の対象となる財務会計上の行為としての公金の支出に当たるものというべきである。そして、概算払による公金の支出に違法又は不当の点がある場合は、債務が確定していないからといって、これについて監査請求をすることが妨げられる理由はない。債務が確定した段階で精算手続として行われる財務会計上の行為に違法又は不当の点があるならば、これについては、別途監査請求をすることができるものというべきである。そうすると、概算払による公金の支出についての監査請求は、当該公金の支出がされた日から1年を経過したときは、これをすることができない」とされています[61]。

61　最判平成7年2月21日裁判集民174号285頁

第1章　住民監査請求

④　継続的行為における起算日

賃貸借契約のように継続的契約関係が存続するものであっても「賃貸借契約の締結がその対象となる行為とされているところ、契約の締結行為は一時的行為であるから、これを対象とする監査請求においては契約締結の日を基準として同項本文の規定を適用すべきである」としています[62]。ただし、賃貸借契約成立後の賃料支払いのような行為は、継続的な契約に基づき行った継続的な支出であっても、各支出ごとに起算されることになります。

[図表1-10]　賃貸借契約の締結と監査請求期間

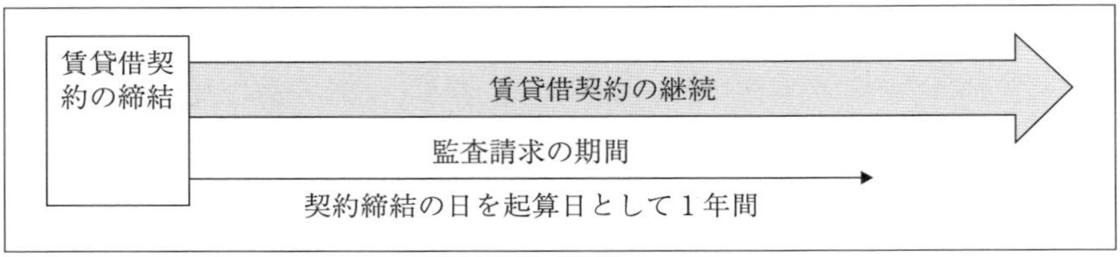

賃貸借契約の締結 → 賃貸借契約の継続
監査請求の期間
契約締結の日を起算日として1年間

⑤　怠る事実にかかる期間制限

住民監査請求のうち、①公金の支出、②財産の取得、管理又は処分、③契約の締結又は履行、④債務その他の義務の負担については一定の行為（作為）を対象としているため、その行為のときから1年間しか監査請求を行うことができないという期間制限があります。

一方、公金の賦課・徴収を怠る事実又は財産の管理を怠る事実は、不作為を前提としたものであり期間制限の起算日を設定することができないため期間制限の対象となりません。ただし、違法な財務会計上の行為を無効として、これを損害賠償請求権が発生しているのに、その行為を怠っていると法律構成した場合には、外形上は怠る事実に当たるため、期間制限が働かないようにみえます。

しかし、それでは期間制限を設けた趣旨に反することになります。そこで判

62　最判平成14年10月15日裁判集民208号157頁

例理論は、実質は4号請求でありながら、法律構成上、3号請求と構成して期間制限規定の潜脱を図ることは許されないとし、これを「不真正怠る事実」と分類して期間制限規定の適用があるとしました。なお、本来的な監査請求期間の規定の適用のない、そもそもの怠る事実を「真正怠る事実」といいます。

a　真性怠る事実

　最判昭和53年6月23日[63]（以下「昭和53年判決」といいます）は、町長の不法行為による損害について、町が有する損害賠償請求権の行使を怠っているとして、住民が町に代位して損害賠償等を行ったものです。この事案においては、町が有する損害賠償請求権の原因が町長の不法行為であり、町長の財務会計上の行為ではないという点に注意が必要です。判決では、本件監査請求は不当又は違法に財産の管理を怠る事実を改めるために必要な措置を構ずべきことを求めていたものであり、期間制限についての地方法自治法242条2項の規定の適用はないと判断しました。

b　不真正怠る事実

・原則的な不真正怠る事実

　最判昭和62年2月20日[64]（以下「昭和62年判決」といいます）は、町長の行った随意契約による町有地の売却について随意契約の要件等として違法又は無効な財務会計上の行為であると主張して、町長の職にあった者に対する損害賠償請求権の行使を怠っているなどとして住民監査請求を行った事案です。判決では、地方公共団体の長その他の財務会計職員の財務会計上の行為が違法、無効であることに基づいて発生する実体法上の請求権の不行使をもって財産の管理を怠る事実とするものについては、財務会計上の行為のあった日又は終わった日を基準として監査請求期間の規定を適用すべき旨を判示しました。

　昭和62年判決のように財務会計上の違法な行為に基づく怠る事実を「不真正怠る事実」といい、昭和53年判決のように財務会計上の違法な行為を前提とし

63　裁判集民124号145頁
64　民集41巻1号122頁

第1章　住民監査請求

ない怠る事実を「真正怠る事実」といいます。

[図表1-11]　昭和53年判決と昭和62年判決との比較

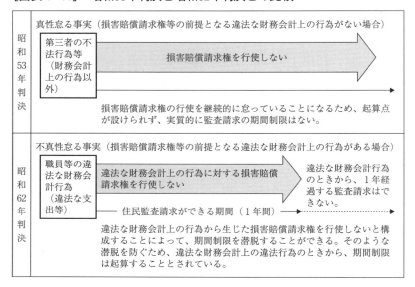

・不真正怠る事実の例外

最判平成9年1月28日[65]は、昭和62年判決の判断に例外があることを認めています。

茅ヶ崎市は、日本国有鉄道清算事業団との間で締結した土地売買契約の転売禁止特約に違反したとして、同事業団に対して和解金を支払いました。これに対して、茅ヶ崎市の住民が、その和解金の支出は違法不当な支出であり、これにより損害を被った同市は、市長に対する損害賠償請求権の行使を怠っているとして、損害賠償を求める住民訴訟を提起しました。

控訴審では、昭和62年判決に従って行為のあった日又は終わった日を基準と

65　民集51巻1号287頁

して地方自治法242条2項の規定を適用すべきものであるとしました。しかし、最高裁は、特約に違反して本件土地の転売がされたとしても、それだけで当然に違約金請求権が発生するものではないとした上で、このように「財務会計上の行為が違法、無効であることに基づいて発生する実体法上の請求権の不行使をもって財産の管理を怠る事実とする住民監査請求において、右請求権が右財務会計上の行為のされた時点においてはいまだ発生しておらず、又はこれを行使することができない場合には、右実体法上の請求権が発生し、これを行使することができることになった日を基準として同項の規定を適用すべきものと解するのが相当である」としました。そして、この事案では、転売行為の日を基準とするのではなく、和解の日を基準として地方自治法242条2項の規定を適用すべきであるとされました。

[図表1-12] 最判平成9年1月28日における期間制限

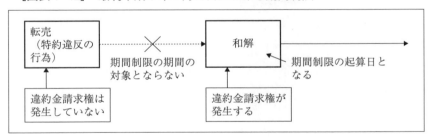

⑥ 同一内容での再度の住民監査請求の可否

　同一住民が同一内容の住民監査請求を行うことは許されるかが問題となる場合があります。この点については、出訴期間の制限ともかかわりがあります。住民訴訟は、監査の結果の通知があった日から30日以内に提起しなければならないとされています（地方自治法242条の2第2項）。

　しかし、同一内容の再度の住民監査請求を認めるならば、1回目の監査結果の通知の日から30日を超えた場合であっても、同一内容で2回目の住民監査請求を行うことによって住民訴訟を提起することができることになります。これ

を認めてしまうと、住民訴訟に関する期間制限を潜脱することになります。

最判昭和62年2月20日[66]は、住民監査請求を経たのちに訴訟において住民監査請求の理由として主張した事由以外の違法事由を主張することは禁止されていないのだから、主張する違法事由が異なるごとに住民監査請求を別個のものとしてこれを繰り返すことを認める必要も実益もないとして、同一の行為等を対象とする住民監査請求を重ねて行うことは許されていないとしています。

[図表1-13]　最判昭和62年2月20日の監査請求と住民訴訟との関係

昭和54年 4月20日	昭和54年 6月16日	昭和54年 11月20日	昭和55年 1月17日	昭和55年 1月30日
第1回監査請求	監査結果の通知	第2回監査請求	監査結果の通知	住民訴訟の提起
		←――30日以上――→	←30日以内→	

その後、東京地判平成5年2月25日[67]では、「監査委員は、監査請求を受けた行為等の適否等を監査するに当たり、請求人の主張する事由以外の違法事由等の監査をもなし得るものであるから、同一の行為等に対し新たな違法事由等を主張して再度の監査請求を行うことを認める必要性が認められないこと、また、同一の行為等に対し再度の監査請求を認めることとすると、同一の行為等に対して結果としていつまでも住民訴訟を提起することが可能となり、監査の結果等に不服があるときには一定の期間内に限って訴えの提起を認めることとしている法の規定の趣旨に反すること」とより詳細な理由を示しています。

ただし、住民監査請求後の事態の成熟をまって再度住民監査請求を行う必要と利益が認められるような場合には、例外的に再度の住民監査請求が認められる場合もあるとしています。

66　民集41巻1号122頁
67　判自122号64頁

⑦　住民監査請求が却下された場合

　監査委員が、住民監査請求を不適法であるとして却下した場合に、同一内容で再度住民監査請求を行うことができるかという問題もあります。

　この点について判例は、「適法な住民監査請求を経たものとして、直ちに住民訴訟を提起することができるのみならず、当該請求の対象とされた財務会計上の行為又は怠る事実と同一の財務会計上の行為又は怠る事実を対象として再度の住民監査請求をすることも許される」としています[68]。

　その理由としては「監査委員が適法な住民監査請求により監査の機会を与えられたにもかかわらずこれを却下し監査を行わなかったため、当該行為又は怠る事実の違法、不当を当該普通地方公共団体の自治的、内部的処理によって予防、是正する機会を失した場合には、当該請求をした住民に再度の住民監査請求を認めることにより、監査委員に重ねて監査の機会を与えるのが、右に述べた住民監査請求の制度の目的に適合する」などを挙げています。

9　住民監査請求の形式的要件と要件審査

(1)　要件審査

　住民から監査請求書が提出されると、監査委員はその請求が法律で規定されている要件を満たしているかについて審査した上で、その請求を受け付けることになります。この審査が形式的要件審査です。

監査請求の形式的要件

① 　住民監査請求は、その要旨を記載した文書をもって行われているか（地方自治法施行令172条1項）。

② 　監査請求書は、所定の様式により行われているか（地方自治法施行規則13条）。

③ 　事実を証する書面が添付されているか（地方自治法242条1項）。

---

[68]　最判平成10年12月18日民集52巻9号2039頁

第1章　住民監査請求

　なお、住民監査請求の審査、受理は監査委員の権限ですが、多くの場合は実際に書類を受け付けるのは監査事務局の職員です。その場合、職員に住民監査請求の受理・不受理の審査権限はないため、形式的要件に不備がある場合の職員の対応が問題となります。職員としては法的な権限はないため、書類の不備等の形式的な確認にとどめるべきで、不備があった場合でも請求者に対して任意に補正を促すにとどめるべきです[69]。そのため、請求人が任意でこれに応じない限り、職員としては住民監査請求書を必ず受け付けなければならないと考えられます。

① 　請求書の受付

　形式的要件をすべて満たしていると判断したときは、監査委員は監査請求書を受理します。要件に不備がある場合には、監査委員は監査請求者に対して補正を求めることになります。不備が補正されない、あるいは補正することができない場合には、監査委員は請求を却下します。

　この点について、不受理と表現される場合もありますが、横浜地判平成3年6月19日[70]では、住民監査請求の受付の拒否を「却下というか不受理というかは、単なる言葉の問題に過ぎ」ないとしています。なお、この監査請求書を適法なものとして受理するかどうかは専ら監査委員の合議によって決定されることになるため、住民監査請求の受理日は監査委員らが受理決定をした日になります[71]。

② 　監査請求書の補正（監査委員の補正請求義務）

　行政手続法7条では、法令に定められた申請の形式上の要件に適合しない申請については、速やかに申請者に対し相当の期間を定めて当該申請の補正を求めることを義務付けています。また行政不服審査法23条では、審査請求書が形式上の要件を満たしていない場合には、審査庁は、相当の期間内に補正すべき

69　神戸地判昭和62年10月2日判タ671号193頁
70　判タ772号147頁
71　神戸地判昭和62年10月2日判タ671号193頁

ことを命じなければならないとされています。

　住民監査請求に関しては、これらの規定の適用はなく、また地方自治法にもこのような補正を求めることを義務付ける規定がないため、監査請求書に不備があった場合に、監査委員としては補正を求めるべき義務があるかが問題となります。

　この点に関して名古屋高判平成9年9月3日[72]では、「地方自治法には、住民監査請求に関し補正手続を定めた条項は存在しないし、監査委員に対して要件を具備しない請求に対する補正を促す義務を課するような条項も存在しない。そうすると、地方自治法の規定からは、不適法な住民監査請求について監査委員に補正を命じたり促す義務を課していないと解するのが相当である」として、原則として補正を求める義務はないとしています。

　ただし、次のように、容易に補正できる形式上の不備があるような場合には補正を促す義務があるとする可能性を認めています。「行政手続法7条は、行政庁に、形式的要件に適合しない申請に対して補正を求めることを義務づけていること、行政不服審査法21条（筆者補足：現行法23条）は、審査庁に、審査請求が不適法であって補正が可能な場合には、相当の期間を定めて補正を命じることを義務づけていること、国税通則法91条は、国税不服審判所長に、補正可能な審査請求について相当の期間を定めて補正を求めることを義務づけていること、さらに住民監査請求の制度が普通地方公共団体の財政の腐敗防止を図り、住民全体の利益を確保する見地から、住民の請求により当該普通地方公共団体の執行機関や職員の財務会計上の違法な行為等の予防、是正等を自治的、内部的処理によって図ることを目的とした制度であること、住民監査請求を行うについては期間制限があり、同一の事項について再度の住民監査請求はできないと解されていること等からすると、容易に補正できる形式上の不備があるような場合には、監査委員においてその補正を求める権限があることはもとより、補正を促す義務があること、すなわち補正を促さずに直ちに監査請求を却

---

[72] 判タ972号172頁

第 1 章　住民監査請求

下することは許されないと解する余地がある」としています。

　監査請求書に不備があった場合には必ずしも補正を求めなければならないということはできませんが、容易に補正できるような形式上の不備があった場合については、住民監査請求を行う住民が必ずしも住民監査請求制度に精通しているわけではないことを踏まえると補正を求めるべきだと考えられます。

　なお、本件判決の第一審判決である富山地判平成 8 年10月30日[73]では、補正を求めるべき期間、補正の方法等についても次のように判断しています。実務上、非常に参考になるために、詳しく取り上げることにします。

1　補正期間について

　補正を求める際に、請求人に対してどの程度の期間を設けて補正を求めるかについて、判決では「住民監査請求を受けた監査委員は、請求のあった日から60日以内に監査及び勧告を行わなければならない義務を負っている（地方自治法242条）。したがって、監査委員は、この期間内に、住民監査請求で主張されている違法又は不当な財務会計上の行為又は怠る事実について調査及び判断をし、結果を請求人に通知しなければならないことになるから、調査、判断の対象となる行為又は事実やその対象者が不明確である等、住民監査請求の請求人に補正を求める必要がある場合には、右調査、判断及び通知に必要な時間を勘案して相当な期間を定めて補正を促すことができると解するのが相当である」としています。

2　補正の方法について

　補正を求める際に監査請求人に対して補正を書面で行うことを求めることができるかという点に関して、判決では「住民監査請求を行うには、地方自治法施行令172条により、書面に請求の要旨を記載することが要請されている。これは、請求の要旨が、住民監査請求の対象事項を特定する性質をもつことから、手続の明確性の観点から書面を要求したものと解され

---

[73]　判タ972号175頁

る。補正手続については、この点何ら規定はないが、右施行令の趣旨に鑑みると、補正により住民監査請求の対象事項や対象の当該職員を特定することとなる場合には、監査委員は、前記補正を求める権限に基づき、その合理適（ママ）裁量により、補正手続を書面で行うことを請求人に対し求めることができる」としています。

3 通知の相手方について

複数の市民による住民監査請求について補正を求める際にはすべての請求人に対して補正を求める必要があるかということが問題となりますが、判決では「住民監査請求は、事務監査請求とは異なり、当該普通地方公共団体の住民が単独で行えるものであり、監査委員はこの請求に対し応答の義務を負うものであり、住民監査請求をした請求人は、右応答を受ける権利があるということができる。したがって、複数の住民により住民監査請求が提起された場合には、監査委員は、請求したすべての請求人に対し、応答すべき義務があり、また前記補正権限に基づき補正を求める場合にも、すべての請求人に対して補正を求めるのが原則である」としています。

(2) 審理手続

① 監査委員の除斥

監査委員は、自分自身、父母、祖父母、配偶者、子、孫、兄弟姉妹の一身上に関する事件あるいはこれらの人が従事する業務に直接の利害関係のある事件については、監査することができません（地方自治法199条の2）。これは、住民監査請求のみならず、すべての監査についての除斥事項です。

② 証拠の提出及び陳述の機会

監査委員は、住民監査請求に係る監査を行うに当たっては、請求人に証拠の提出及び陳述の機会を与えなければなりません（地方自治法242条6項）。監査委員が、請求人に対する陳述の聴取を行う場合又は関係のある地方公共団体の長

第1章　住民監査請求

その他の執行機関や職員又は請求人に陳述の聴取を行う場合に、必要があると認めるときは、地方公共団体の長その他の執行機関や職員又は請求人を立ち会わせることができます（同条8項）。証拠の提出及び陳述の機会を与えるべき旨を定めている目的として、東京高判平成16年6月8日[74]は、「当該住民に住民監査請求の趣旨内容をより明らかにする機会を与える立法目的に出たものである」としています。

　この証拠の提出及び陳述の機会の付与は監査委員の義務とされていますが、監査請求人が希望しない場合には、実施する必要はありません。さらに、住民監査請求が法定の要件を欠き不適法として却下される場合には監査は行われないため、証拠の提出及び陳述の機会を与える必要はないものとされています[75]。一方、陳述の機会を付与すべきであるにもかかわらず付与しなかった場合に、請求人が同一の行為等を対象として行った再度の住民監査請求においては、再度の監査を行った上で請求人に陳述の機会を与えるべきだとされています[76]。

　このように請求人に証拠の提出及び陳述の機会が認められていますが、監査委員は提出された証拠や陳述に拘束されずに、職権で調査を行うことも可能です。

③　**暫定的な停止勧告制度**

　住民監査請求が行われた場合であっても、原則として、住民監査請求の対象となった財務会計行為を停止しなければならないわけではありません。ただし、住民監査請求の趣旨が財務会計行為の適正化を行政内部の迅速な判断により行うことにあるため、当該行為が違法であると思料するに足りる相当な理由があるときには、監査結果が確定するまで当該行為を停止することが望ましい場合もあります。このため、監査委員は、一定の要件の下で、暫定的な停止の

74　裁判所ウェブサイト
75　横浜地判平成3年6月19日判タ772号147頁
76　東京地判平成25年10月15日判自377号45頁

勧告を行うことができることとされています。

　行政不服審査法及び行政事件訴訟法においても、原則として執行不停止の原則がとられていますが、例外的に一定の要件の下で執行停止をすることができることとされています（行政不服審査法25条、行政事件訴訟法25条）が、この暫定的な停止勧告制度も同様の趣旨によるものです。

　監査委員は、以下の要件をすべて満たす場合、監査委員の合議により、理由を付して勧告等の手続が終了するまでの間、当該行為を停止すべきことを勧告することができます（地方自治法242条4項）。

a　当該行為が違法であると思料するに足りる相当な理由があると認めるとき

　　この「相当な理由」とは、社会通念上客観的にみて合理的な場合をいい、勧告を行うまでの根拠は不要であるものの、相当程度具体的な証拠に基づいて違法であることは必要であると解されています[77]。

b　当該行為により当該地方公共団体に生ずる回復の困難な損害を避けるため緊急の必要があると認めるとき

c　当該行為を停止することによって人の生命又は身体に対する重大な危害の発生の防止その他公共の福祉を著しく阻害するおそれがないと認めるとき

なお、住民監査請求において外部監査人による監査が行われる場合には、外部監査人には暫定的な停止勧告を行う権限は認められていません。

(3) 監査の実施

　監査委員の監査及び勧告は、監査請求のあった日から60日以内に行わなければなりません（地方自治法242条5項）。これは、60日以内に監査に着手すればいいという趣旨ではないため、60日以内に監査を終了するとともに監査の結果に基づく勧告も行わなければなりません。監査委員が、60日以内に勧告を行わな

77　松本英昭『新版 逐条地方自治法　第9次改訂版』（2017年、学陽書房）1049頁

第1章　住民監査請求

い場合には、地方自治法242条の2第1項の規定に基づき住民訴訟を提起することができます。

　なお、監査委員は、独任制の機関として個々の監査委員が独立して権限を行使することができますが（地方自治法199条）、住民監査請求の監査及び勧告についての決定は監査委員の合議によるものとされています（地方自治法242条8項）。

　監査委員が監査を終えると、監査の結果について次のように通知・勧告を行います。

　　a　請求に理由がないと認めるときは、理由を付してその旨を請求人に通知し、公表します。
　　b　請求に理由があると認めるときは、当該地方公共団体の議会、長、その他の執行機関又は職員に対し、期間を示して必要な措置を講ずべきことを勧告するとともに、勧告の内容を請求人に通知し、公表します。

⑷　個別外部監査による監査請求

　住民監査請求について監査委員の監査に代えて個別外部監査契約に基づく監査によることができることを条例で定めている地方公共団体の住民は、住民監査請求に当たって特に必要があると認めるときはその理由を付して、監査委員の監査に代えて個別外部監査契約に基づく監査を求めることができます（地方自治法252条の43）。

　この請求があった場合、監査委員は、監査委員の監査に代えて個別外部監査契約に基づく監査によることが相当であると認めるときは、個別外部監査契約に基づく監査によることを合議により決定します。その場合、住民監査請求があつた日から20日以内に、その旨を知事、市町村長に通知しなければなりません。

　併せて、その通知をした旨を、住民監査請求の請求人に直ちに通知しなければなりません。知事、市町村長は、個別外部監査契約に基づく監査によることが相当であるとの通知を受けた場合、一般の外部監査とは異なり議会に付すことなく、個別外部監査契約を締結しなければなりません。

監査委員が個別外部監査契約に基づく監査によることが相当でないと判断したときは、監査委員による監査の請求があったものとみなして監査を実施します。また、監査委員が20日以内に、個別外部監査契約に基づく監査によることが相当かどうかの判断を行わない場合には、通常の住民監査請求があったものとみなされることになります。

　個別外部監査契約に基づく監査の場合、外部監査人は個別外部監査契約の期間内に、監査を行い、監査の結果に関する報告を決定するとともに、これを監査委員に提出しなければなりません。報告を受けた監査委員は、この報告を踏まえて住民監査請求に理由があるかどうかの決定を自ら行い、理由があると認める場合には執行機関等に対して必要な措置を講ずべきことを勧告しなければなりません。

　なお、外部監査人が、監査請求人あるいは執行機関等の陳述の聴取を行う場合に、必要があると認めるときは、監査委員と協議して、執行機関の職員又は請求人を立ち会わせることができます。

　通常の住民監査請求の場合には、60日以内に監査及び勧告を行わなければなりませんが、個別外部監査契約に基づく監査による場合には、契約手続等に要する期間を考慮して、90日以内に行わなければならないこととされています（同条5項）。

(5) 勧告を受けた執行機関等の措置

　住民監査請求に対して監査委員の勧告があったときは、その勧告を受けた地方公共団体の議会、長その他の執行機関又は職員は、勧告に示された期間内に必要な措置を講ずることになります。ただし、執行機関等は、必ずしも監査委員の勧告の内容に拘束されず自らの判断で必要と認める措置を講じることができます。

　執行機関等は、講じた内容を監査委員に通知しなければなりません。監査委員は、当該通知に係る事項を請求人に通知し、かつ、これを公表しなければなりません（地方自治法242条9項）。

(6) 監査結果に対する賠償請求

監査結果が違法であるとして、国家賠償法に基づき損害賠償が請求されている事案があります。

名古屋高判平成8年7月30日[78]では、「住民監査請求の請求人が監査委員に対し監査及び必要な措置等を求め得る地位は、公益的かつ公法的なものであって、公権力の行使による個々人の私的な権利利益に対する侵害を保護すべき国家賠償法上の保護の対象にはならないから、控訴人らの請求はいずれも理由がないものと判断する」として、住民監査請求の請求人の地位は公益的かつ公法的なものであるとして国家賠償法の対象にはならないとしています。

一方、大阪地判平成9年1月23日[79]では、「法は、住民に対して、住民全体の利益のために、違法もしくは不当な公金の支出等があると認められるときに監査請求することを認め、これに対応して、監査委員に対しては、監査を行い監査の結果を通知すべき義務等を負担させているのであって（法242条3項）、こうした監査義務等の負担は、法が監査請求を単なる監査の契機として位置付けるだけではなく、住民の監査請求を地方公共団体に対する権利として保障し、監査を通して地方公共団体の行う違法不当な公金の支出等に対する予防是正機能を持たせていることを示しているということができる。このように、住民の有する監査請求権は、個人の権利や地位に直接影響を及ぼさない公法上の権利ではあるが、地方自治の精神から法が個々の住民に認めた権利であることからすると、地方自治法上のみならず、国家賠償法（不法行為法）上においても保護に値する権利ないし利益に当たる」として、監査請求権は国家賠償法上においても保護に値する権利ないし利益に当たるとしています。

ただし、「監査請求権に対する侵害が国家賠償法1条に照らして違法と評価し得るためには、単に監査結果がその直接の根拠法令に違背するというだけでは足りず、当該監査委員が違法又は不当な目的を持って監査をしたなど、監査

---

78 判時1582号39頁
79 判タ962号138頁

委員がその付与された権限の趣旨に明らかに背いてこれを行使したものと認め得るような特別の事情があることを必要とすると解するのが相当である。」とした上で、判決の結論としては「監査委員らが、本件監査請求につき、その裁量の範囲を著しく逸脱し違法と評価し得るような事情」はないとしています。

[図表1-14] 住民監査請求の全体手続

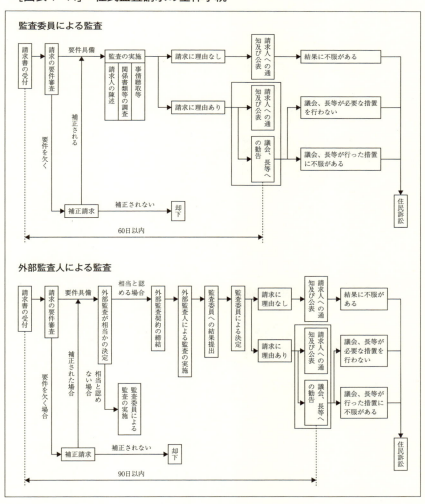

第 2 章

住民訴訟

第2章　住民訴訟

1　制度の概要

(1)　制度の経緯

　住民は、地方公共団体において違法な財務行為があったと考える場合には、まず住民監査請求を行い、それでも是正されないときは住民訴訟を提起することができます。住民訴訟は、アメリカで判例法上認められていた主観訴訟としての納税者訴訟（taxpayers' suit）をモデルにして連合国軍最高司令官総司令部（GHQ）の指示のもと1948年（昭和23年）の地方自治法改正で導入されたものです。さらに、1963年（昭和38年）の改正で、現在のように、監査請求前置主義が採用され、出訴権者も納税者ではなく住民となり、住民訴訟として再構成されてます。

　住民訴訟は、「地方自治の本旨に基づく住民参政の一環として（略）裁判所に請求する権能を与え、もって地方財務行政の適正な運営を確保することを目的としたもの」であり、「地方公共団体の構成員である住民全体の利益を保障するために法律によって特別に認められた参政権の一種であり、その訴訟の原告は、（略）住民全体の利益のために、いわば公益の代表者として地方財務行政の適正化を主張するもの[80]」とされています。もっとも、住民監査請求・住民訴訟の制度は、選挙権を有しない外国人や法人も利用しうることから、これを直接民主主義制度の一環として位置づけるためには、選挙における主権者概念との関係を整理する必要があります。

　また、住民訴訟制度は、住民自治の実現において非常に重要な制度ですが、この制度を「設けるか否かは立法政策の問題であって、これを設けないからとて、地方自治の本旨に反するとはいえない[81]」とされています。国において違法な財務行為を是正するための訴訟制度は、現在は法制化されていませんが、この点についても同様に立法政策の問題だと考えられます。こうした中で、日

---

[80]　最判昭和53年3月30日民集32巻2号485頁
[81]　最判昭和34年7月20日民集13巻8号1103頁

1 制度の概要

本弁護士連合会は、2005年（平成17年）6月16日に「公金検査請求訴訟制度」を提言しています。この制度は、問題があると思われる国の財務行為について、国民が会計検査院に対して監査を請求し、会計検査院の対応が不十分なときは、国などを被告として必要な措置を取るよう請求する訴訟を提起することができるものです。

第2章　住民訴訟

[図表2-1]　住民訴訟改正の経緯

	改正概要	住民訴訟の内容		
		対象職員	対象行為	請求内容
昭和23年	違法・不当な公金の支出等に対する監査請求・訴訟制度の新設	地方公共団体の長、出納長、収入役、その他職員	1　公金の違法な支出、浪費 2　財産の違法な処分 3　特定の目的のために準備した公金の目的外の支出 4　違法な債務その他の義務の負担 5　財産又は営造物の違法な使用 6　違法又は権限を超える契約の締結、履行	1　違法又は権限を超える行為の制限、禁止 2　違法又は権限を超える行為の取消し、無効、普通地方公共団体の損害の補てん
昭和38年	住民訴訟の訴え提起の要件の明確化、訴訟類型の整理等	地方公共団体の長、委員会、委員、職員	1　違法な公金の支出、財産の取得・管理・処分、契約の締結・履行、債務その他の義務の負担 2　違法に公金の賦課・徴収、財産の管理を怠る事実	1　行為の全部又は一部の差止め請求 2　行政処分たる行為の取消し、無効確認請求 3　怠る事実の違法確認請求 4　普通地方公共団体に代位して行う当該職員に対する損害賠償・不当利得返還の請求、当該行為・怠る事実に係る相手方に対する法律関係不存在確認・損害賠償・不当利得返還・原状回復・妨害排除請求
平成14年	4号訴訟につき、地方公共団体の長個人を被告とする代位訴訟から執行機関を被告とする義務付け訴訟への訴訟類型の変更等	地方公共団体の長、委員会、委員、職員	1　違法な公金の支出、財産の取得・管理・処分、契約の締結・履行、債務その他の義務の負担 2　違法に公金の賦課・徴収、財産の管理を怠る事実	1　行為の全部又は一部の差止め請求 2　行政処分たる行為の取消し、無効確認請求 3　怠る事実の違法確認請求 4　職員又は相手方に損害賠償又は不当利得返還の請求をすることを執行機関又は職員に対して求める請求（職員又は相手方が賠償命令の対象となる者である場合にあっては、賠償命令をすることを求める請求）

(2) 住民訴訟の法的性格

　住民訴訟は、個人の権利利益と関係なく、客観的な法秩序の維持を目的とする客観訴訟である民衆訴訟の一種とされています。民衆訴訟とは、国又は公共団体の機関の法規に適合しない行為の是正を求める訴訟で、選挙人たる資格その他自己の法律上の利益にかかわらない資格で提起するものをいいます（行政事件訴訟法5条）。住民訴訟以外の民衆訴訟としては、選挙及び当選の効力に関する訴訟（公職選挙法30条の8、30条の9）等があります。

(3) 住民訴訟の目的

　住民訴訟で問われる「財務会計の適正運営」が、具体的には執行機関又は職員による財務会計活動の客観的な適正化の実現を意味するのか、それとも執行機関又は職員の財務会計活動によって地方公共団体が受ける損害を防止し、又は回復することを指すのかという点についても見解が分かれています。

　まず前者の見解としては、わが国の住民訴訟において訴権を与えられているのが納税者でなく住民であることからいって、住民訴訟の第1次的な目的は必ずしも納税者の利益の擁護にあるのではなく、むしろより広く、地方公共団体の機関又は職員の違法な財務会計上の行為に対して、地方自治行政の公正と住民全体の利益を保障することを目的とするものと見るべきであるとします。この説によれば、住民訴訟の性格は、法秩序維持を目的とする客観的訴訟として位置付けられることになります。

　これに対して、後者は、住民訴訟は、財務処理を担当する職員が違法に地方公共団体に対し財務的損害を与えた場合に、地方公共団体の代表又は統括者としての住民が右損害を回復する目的で裁判所に出訴することを認められた制度にほかならないと主張しています。

　最高裁は、桃花台調整交付金事件[82]において「地方自治法242条の2の定める住民訴訟は、普通地方公共団体の執行機関又は職員による同法242条1項所

82　最判昭和53年3月30日民集32巻2号485頁

定の財務会計上の違法な行為又は怠る事実が究極的には当該地方公共団体の構成員である住民全体の利益を害するものであるところから、これを防止するため、地方自治の本旨に基づく住民参政の一環として、住民に対しその予防又は是正を裁判所に請求する権能を与え、もつて地方財務行政の適正な運営を確保することを目的としたものであつて、執行機関又は職員の右財務会計上の行為又は怠る事実の適否ないしその是正の要否について地方公共団体の判断と住民の判断とが相反し対立する場合に、住民が自らの手により違法の防止又は是正をはかることができる点に、制度の本来の意義がある。すなわち、住民の有する右訴権は、地方公共団体の構成員である住民全体の利益を保障するために法律によつて特別に認められた参政権の一種であり、その訴訟の原告は、自己の個人的利益のためや地方公共団体そのものの利益のためにではなく、専ら原告を含む住民全体の利益のために、いわば公益の代表者として地方財務行政の適正化を主張するものであるということができる」と判示しています。最高裁のこの判断は、前者の見解に立つものと考えられます。

　また、2000年（平成12年）10月25日に地方制度調査会から内閣総理大臣に提出された『地方分権時代の住民自治制度のあり方及び地方税財源の充実確保に関する答申』においては、「住民訴訟制度は地方公共団体の財務会計上の違法行為の予防又は是正を目的とするものである（略）なお、住民訴訟においても、損害賠償等の事後的な措置ではなく、事前に違法行為が是正されることが望ましい」とされています。

　さらに視点を変えると、住民訴訟制度が地方公共団体の損害の補填を目的とするものであれば、同様に国に対する損害を補填する制度が整備されるべきですが、わが国の法制度上、国に対する住民訴訟のような制度は存在しません。これは、住民訴訟制度の目的が財務会計上の違法行為の予防又は是正を目的とする直接民主主義的制度であることの現れであると考えられます。つまり、地方自治においては住民自治の視点から直接請求をはじめとして直接民主主義的制度が多く存在しますが、国においては憲法前文に「そもそも国政は、国民の厳粛な信託によるものであつて、その権威は国民に由来し、その権力は国民の代表者がこれを行使し、その福利は国民がこれを享受する」と規定されている

ように基本的に間接民主主義制度を採用しています。このために直接民主主義制度に基づく制度として理解することによってはじめて、住民訴訟は国政においては存在しないことの合理性は説明ができると考えられます。

2 住民訴訟の要件

住民訴訟を提起するためには、次の要件を満たしている必要があります。

(1) 住民訴訟を行うことができる者

住民訴訟を提起することができる資格（原告適格）を有するためには、まず当該地方公共団体の住民であることが必要です。住民の範囲は、住民監査請求における住民と同様です（7頁参照）。住民たる資格については、「住民であることの要件は本件訴えの適法要件であるから事実審の口頭弁論終結時まで存在していることを要する」ものとされているため、訴訟継続中に住民たる資格を失った場合には、訴えは却下されます[83]。原告が死亡した場合にも、訴訟は終了し、相続人に継続しません。

(2) 住民監査請求を経ていること（監査請求前置主義）

次に、住民監査請求を経ていることが求められます。住民が住民監査請求を行った場合において、以下に該当するときに、訴訟を提起することができます。これを監査請求前置主義といいます。

---

① 監査委員の監査の結果・勧告、勧告に基づいて地方公共団体の長等が講じた措置に不服があるとき
② 監査委員が監査・勧告を60日以内に行わないとき
③ 監査委員の勧告に基づいた必要な措置を地方公共団体の長等が講じないとき

---

83 大阪高判昭和59年1月25日行集35巻1号8頁

第2章　住民訴訟

　このような制度がとられている理由としては「住民訴訟の前置手続として、まず監査委員に住民の請求に係る財務会計上の行為又は怠る事実について監査の機会を与え、当該行為又は怠る事実の違法、不当を当該普通地方公共団体の自治的、内部的処理によって予防、是正させることを目的とする」とされています[84]。

　なお、監査委員が適法な住民監査請求を不適法であるとして却下した場合、当該請求をした住民は、適法な住民監査請求を経たものとして、住民訴訟を提起することができます。また、地方自治法242条2項の期間制限を徒過しているものとして却下すべきにもかかわらず監査を行った後に提起された住民訴訟について、「適法な監査請求を経ていないから、不適法な訴えとして、これを却下すべきものである」とされました[85]。

(3) 住民監査請求と住民訴訟の対象の同一性

　監査請求を経ているというためには、住民監査請求において求めた内容と住民訴訟で対象とされた内容とが、同一でなければならないと考えられます。この同一性については、次のような場面で問題となります。

① 対象事実の同一性

　住民監査請求の対象とした事実と住民訴訟の対象となる事実について、どの程度同一性を求めるかが問題となる場合があります。判例は、「被上告人らが本件土地の売買契約締結についての違法、代金支払の違法を指摘して是正措置を求めた本件監査請求については、その代金調達の違法及びその是正措置をも合わせて対象としていると解しえないことはない」として、この同一性を比較的緩やかに解しています[86]。なお、岡山地判昭和52年12月27日[87]では「住民訴

84　最判平成10年12月18日裁判集民190号1089頁
85　最判昭和63年4月22日判時1280号63頁
86　最判昭和55年2月22日裁判集民129号209頁
87　行集28巻12号1380頁

2 住民訴訟の要件

訟の対象となる行為または事実は、監査請求に係る行為または事実を同一のものに限定されることを要せず、これから派生し、またはこれを前提として後続することが当然に予測される行為または事実を含む」として、住民監査請求の対象事実から派生する行為も住民訴訟を提起しうることを認めています。

さらに、東京高判昭和57年2月25日[88]では、「監査請求の対象は、そこで求められている措置の内容ないし類型によつてではなく、普通地方公共団体の長その他による違法不当な行為又は怠る事実にかかる監査請求の趣旨、理由によつて特定されるべきものであり、(ただし、求められている措置の内容ないし類型は、この特定のための一助となることはあり得る。)、他方、住民訴訟の対象は、その請求の趣旨、原因によつて特定されること勿論であつて、この両者の同一性とは、住民訴訟の前記の目的に照らし、厳格、形式的な同一性ではなく、実質的な同一性があれば足りる」と、実質的な同一性で足りる旨の判断を示しています。

また、判例は「財務会計上の行為を違法、不当であるとしてその是正措置を求める監査請求をした場合には、特段の事情が認められない限り、右監査請求は当該行為が違法、無効であることに基づいて発生する実体法上の請求権を当該普通地方公共団体において行使しないことが違法、不当であるという財産の管理を怠る事実についての監査請求をもその対象として含む」として、財務会計上の行為を違法、不当であるとする住民監査請求には、その違法、不当な行為から発生する請求権(損害賠償請求権)等の行使を怠る事実も対象に含むと判断しています[89]。

② 措置の相手方の同一性

住民監査請求で求められて措置を行うべき者と住民訴訟において求められた行為を行うべき者の同一性も問題となります。この点について、判例は、地方自治法242条の2第1項には、住民が住民監査請求において求めた具体的措置

---

[88] 行集33巻1・2号201頁
[89] 最判昭和62年2月20日民集41巻1号122頁

第2章　住民訴訟

の相手方と同一の者を相手方として右措置と同一の請求内容による住民訴訟を提起しなければならないとする規定は存在しないこと、また、住民は、住民監査請求をする際に措置の内容及び相手方を具体的に明示することは必須ではなく、また、長等は監査委員から勧告された措置内容に拘束されずに必要な措置を講ずることができると解されることから、「住民訴訟においては、その対象とする財務会計上の行為又は怠る事実について監査請求を経ていると認められる限り、監査請求において求められた具体的措置の相手方とは異なる者を相手方として右措置の内容と異なる請求をすることも、許される」と、措置の相手方の同一性を厳密には求めない旨の判断をしています[90]。

一方、広島高判昭和58年10月11日[91]は、「住民訴訟において請求者の代位行使する地方公共団体がその長及び職員に対して有する損害賠償請求権は、各人ごとにその成立要件を異にし、その責任原因につきその大筋において同一であるときでも、その地位、職務権限、関与の方法、程度を異にし結論に影響を及ぼすべき差異が存在するのが通常であるから、損害賠償を求める相手ごとにそれぞれ監査を前置すべきものと解するのが相当である。」として、個別の相手方ごとに住民監査請求を経ている必要があるとしています。

しかし、住民が、必ずしも地方公共団体の組織や住民監査請求・住民訴訟制度を習熟しているわけではないことを考えると、相手方の同一性を厳格に求めることは、住民訴訟制度の否定にもつながる可能性があるため、慎重に考えるべきです。

③　違法性の同一性

住民監査請求において指摘した違法性と住民訴訟において主張する違法性が異なる場合について、判例は「住民訴訟は監査請求の対象とした違法な行為又は怠る事実についてこれを提起すべきものとされているのであつて、当該行為又は当該怠る事実について監査請求を経た以上、訴訟において監査請求の理由

90　最判平成10年7月3日裁判集民189号1頁
91　行集34巻10号1757頁

として主張した事由以外の違法事由を主張することは何ら禁止されていない[92]」として、違法性については同一性は求められていないとしました。

3 住民訴訟の類型

(1) 4類型の概要

　地方自治法242条の2第1項では、1号から4号までに次の4つの類型を定めています。それぞれ各号ごとに1号請求から4号請求といわれています。

[図表2-2]　住民訴訟の4類型

訴訟種類	請求の内容	訴訟の相手方	判決主文の例
1号請求	執行機関又は職員に対する、当該行為の全部又は一部の差止めの請求。ただし、当該行為を差し止めることによって、人の生命又は身体に対する重大な危害の発生の防止その他公共の福祉を著しく阻害するおそれがあるときはすることができない。	行為の主体たる執行機関又は職員	被告（執行機関等）は、A事業に関し、公金を支出してはならない。
2号請求	行政処分たる行為の取消し又は無効確認の請求	行政処分を行った行政庁の所属する地方公共団体	甲市長（処分行政庁）が乙に対し○年○月○日付けでしたB処分を取り消す。
3号請求	執行機関又は職員に対する、怠る事実の違法確認の請求	怠る事実に係る執行機関又は職員	被告（執行機関等）が、別紙物件目録記載の土地につき、丙に対し、同土地上のCの収去を請求することを怠る事実が違法であることを確認する。

92　最判昭和62年2月20日民集41巻1号122頁

4号請求	当該職員又は当該行為若しくは怠る事実に係る相手方に損害賠償又は不当利得返還の請求をすることを当該普通地方公共団体の執行機関又は職員に対して求める請求（前段）。会計管理者等に対する賠償の命令の場合には、当該賠償の命令をすることを求める請求（公団）。	執行機関又は職員	1 被告（執行機関等）は、丁（職員等個人）に対し、〇〇円及びこれに対する〇年〇月〇日から支払済みまで年5分の割合による金員を請求せよ。 2 被告（執行機関等）は、戊（会計職員等個人）に対し、〇〇円及びこれに対する〇年〇月〇日から支払済みまで年5分の割合に金員の賠償の命令をせよ。

① 1号請求

a 趣旨

　住民訴訟のうち1号請求は、住民が地方公共団体の執行機関又は職員に対して違法な財務会計上の行為の全部又は一部の差止めの請求を行うものです。地方公共団体の執行機関又は職員による財務会計上の違法な行為を予防するため、一定の要件の下に、住民に対し当該行為の全部又は一部の事前の差止めを裁判所に請求する権能を与え、地方財務行政の適正な運営を確保することを目的としたものとされています[93]。

93　最判平成5年9月7日民集47巻7号4755頁

3 住民訴訟の類型

［図表 2 - 3］ 1 号請求訴訟のしくみ

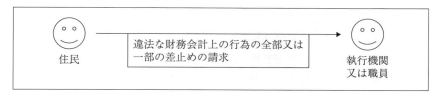

b 対象

1号請求は、財務会計上の行為（①公金の支出、②財産の取得、管理又は処分、③契約の締結又は履行、④債務その他の義務の負担、⑤公金の賦課・徴収を怠る事実、⑥財産の管理を怠る事実）であれば、行政処分等の公権力の行使に限らず、非権力的な行為や事実行為も請求の対象となります。ただし、⑤公金の賦課・徴収を怠る事実、⑥財産の管理を怠る事実については、そもそも差止めるべきものがないため訴訟を提起する実益がありません。

c 要件

・当該行為が完了していないこと

1号請求は行為の全部又は一部の差止めの請求であるため、性質上その行為の全部又は一部がまだ終了していないことが必要です。1号請求の訴訟継続中にその行為が完了した場合には、差止めの対象を欠く不適法なものとなり、却下すべきことになります[94]。なお、1号請求の訴訟継続中にその行為が完了した場合に、4号請求に訴えの変更を行うことは認められています（113頁参照）。

差止めの対象とされた行為が未だになされていないときであっても、そもそもその行為が行われる可能性がなくなった場合においても、1号請求は不適法になるものとされています[95]。

・当該行為がなされることが相当の確実さをもって予測されること

地方公共団体の執行機関又は職員の財務会計上の行為がなされることが相当

---

[94] 東京地判平成16年3月25日判時1881号52頁
[95] 最判平成23年10月27日裁判集民238号105頁

第2章　住民訴訟

の確実さをもって予想される場合に限り差し止めが許容されるものです。単に行為がなされる可能性があるというのみでは足りません。

差止めが認められた裁判例として、栗東市起債差止請求事件[96]があります。この事案は、滋賀県栗東市が道路建設事業費のための財源に充てるとして、43億4900万円の地方債の起債を予定していたところ、同市の住民が、この起債は実質的には私企業である東海旅客鉄道株式会社の新駅建設に要する仮線工事のための財源に充てるために行われるものであり、地方財政法5条等に違反するものであるとして地方自治法242条の2第1項1号に基づく起債行為の差止めを求めたものです。判決において、「今後本件起債行為がなされることが相当の確実さをもって予測される」として差止めが認められました。

一方、相当の確実さをもって予測されるとはいえないとされた判例としては、安曇野市第三セクター損失補償契約事件[97]があります。この事案は、長野県南安曇郡三郷村（合併により安曇野市が同村を継承）が、同村が過半を出資して設立された株式会社に融資した複数の金融機関等との間で、当該融資によって当該金融機関等に生ずべき損失を補償する旨の契約を締結したことにつき、住民が、本件各契約は財政援助制限法3条に違反して無効であると主張して安曇野市長に対し、地方自治法242条の2第1項1号等に基づき、本件各契約に基づく当該金融機関等への公金の支出の差止め等を求めた住民訴訟です。判決では、「記録によれば、上記株式会社は原判決言渡し後に清算手続に移行しており、当該手続において、同社の債務のうち市が本件各契約によって損失の補償を約していた部分については、既に上記金融機関等に全額弁済されたことが認められるから、市が将来において本件各契約に基づき上記金融機関等に対し公金を支出することとなる蓋然性は存しない」ことから、当該行為が行われることが相当の確実さをもって予測されるとはいえないとして差止めを許容しませんでした。

96　大阪高判平成19年3月1日判時1987号3頁
97　最判平成23年10月27日裁判集民238号105頁

・当該行為を差し止めることによって人の生命又は身体に対する重大な危害の発生の防止その他公共の福祉を著しく阻害するおそれがないこと

　2002年（平成14年）の地方自治法改正前は、「当該行為により普通地方公共団体に回復の困難な損害を生ずるおそれがある場合に限る」という厳格な制限が規定されていました。しかし、改正によりこの規定が削除され、また「当該行為を差し止めることによつて人の生命又は身体に対する重大な危害の発生の防止その他公共の福祉を著しく阻害するおそれがないこと」の要件が新たに規定されています。この改正により差止めの対象が拡大され、従来は発生するおそれがある損害が少額の場合には1号請求を行うことはできませんでしたが、改正後は予想される損害が少額であっても、公共の福祉を著しく阻害するおそれがない限り、差止めを求めることができることとなりました。

d　被告適格

　1号請求では、地方公共団体の執行機関又は職員に対する請求と規定されています。地方自治法において、執行機関として、地方公共団体の長、委員会及び委員（教育委員会、選挙管理委員会、監査委員、人事委員会、公安委員会等）が規定されています。これらの者のうち、差止め請求の対象たる当該行為をなすべき権限を有する当該地方公共団体の執行機関が被告適格を有することとなります[98]。ただし、当該事務の権限が委任された場合には、差止めをする権限が委任者から受任者に移ることになるため、被告適格を有するのは受任者のみになります[99]。

　また、専決権者について被告適格が問題となる場合もありますが、専決はあくまで内部的に補助執行することにとどまるものであるため、差止めの対象となる行為をする権限を現実に有する者に限られ、専決者はこれに含まれないとされています[100]。

---

[98]　東京地判昭和50年12月24日判時807号16頁
[99]　名古屋地判平成22年7月15日判自345号39頁
[100]　東京地判平成6年12月5日民集54巻9号2771頁

第2章　住民訴訟

e　対象の特定

住民訴訟においては、対象となる財務会計上の行為を特定することが求められていますが、1号請求はその性質上対象となる行為が将来のものであるため、他の請求とは異なる考慮が必要です。

この点について、織田が浜埋立工事費用支出差止訴訟上告審判決[101]では、「このような事前の差止請求において、複数の行為を包括的にとらえて差止請求の対象とする場合、その一つ一つの行為を他の行為と区別して特定し認識することができるように個別、具体的に摘示することまでが常に必要とされるものではない。この場合においては、差止請求の対象となる行為とそうでない行為とが識別できる程度に特定されていることが必要であることはいうまでもないが、事前の差止請求にあっては、当該行為の適否の判断のほか、さらに、当該行為が行われることが相当の確実さをもって予測されるか否かの点及び当該行為により当該普通地方公共団体に回復の困難な損害を生ずるおそれがあるか否かの点に対する判断が必要となることからすれば、これらの点について判断することが可能な程度に、その対象となる行為の範囲等が特定されていることが必要であり、かつ、これをもって足りる」と、差止めの対象を具体的に摘示することまでが常に必要とされるものではないとしています。

②　2号請求

a　趣旨

2号請求は、財務会計上の行為のうち行政処分について、行為の取消し又は無効確認の請求を行うものです。取消請求は行政処分について処分時に遡って当該処分の効力を否定することを求めるものです。また、無効確認請求は行政処分に重大明白な瑕疵を有するとして行政処分の効力が生じないことの確認を求めるものです。ただし、本号に基づく行為の取消し又は無効確認については、行政事件訴訟法に基づく取消訴訟と無効等確認訴訟のように、出訴期間の違いはないため、無効確認の請求を認める実益はありません[102]。

101　最判平成5年9月7日民集47巻7号4755頁

[図表2-4] 2号請求訴訟のしくみ

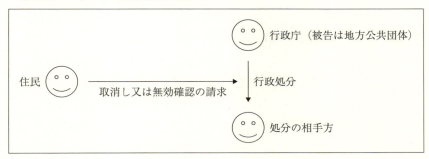

b 対象となる行為

2号請求の対象となるのは財務会計上の行為（①公金の支出、②財産の取得、管理又は処分、③契約の締結又は履行、④債務その他の義務の負担及び⑤公金の賦課・徴収を怠る事実又は財産の管理を怠る事実）であり、かつ行政処分であるものに限られます。

[図表2-5] 2号請求の対象となる行政処分

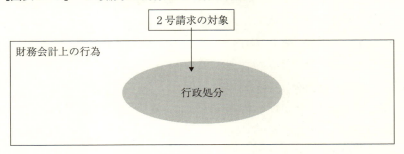

---

102 行政事件訴訟法14条において、取消訴訟は処分があつたことを知つた日から六箇月を経過したときは、または処分の日から1年を経過したときは、原則として、提起することができないこととされています。しかし、無効確認訴訟については、このような出訴期間の制限は規定されていません。

例えば、市教育委員会がした仮運動場としての用途を廃止するとの決定について、「本件廃止決定は、一の土地を仮運動場として利用していた者に対し、運動場として利用しえなくなるという効果を与えることは明らかであるから、本件廃止決定は、財産の管理又は処分に相当し、住民訴訟としての無効確認ないし取消し訴訟の対象となる行政処分に該当する」としています[103]。

また、市民会館の結婚式場の使用許可が住民訴訟の対象となるかについて争われた事案において「公の施設の管理には、その本来の設置目的を達成するための見地からなされる行政上の管理とその財産的価値に着目して、これが維持、保存、運用のためなされる財産上の管理とが考えられ、後者についての行為又は怠る事実のみが住民訴訟の対象となるものというべきところ、一般に目的外使用許可処分は法上も明らかなとおり、本来の目的を達成するためのものではなく、その目的を妨げない限度で、いわば財産の運用としてなされるもの」として、目的外使用許可処分は、住民訴訟の対象となる財務会計行為であるとしました[104]。

一方、教育委員会が学校法人に対して行った教育財産の目的外使用許可処分の取消しを求めた住民訴訟において、目的外使用許可は行政処分であると認めたものの「使用許可は、学校施設の財産的価値に着目し、その価値の維持、保全を図る財務的処理を直接の目的としているものとは解されず、財務会計上の行為としての財産管理行為又はその怠る事実には当たらない」と住民訴訟の対象とはならないと判断しています[105]。

なお、地方公共団体が行う補助金の交付は一般的に贈与契約であると解されており（25頁参照）、2号請求の対象とはならないとされています[106]。ただし、法律や条例に基づく補助金については、交付決定が行政処分であるとされてい

103　大阪地判昭和57年3月24日行集33巻3号564頁
104　浦和地判所昭和61年3月31日判時1201号72頁
105　東京地方裁判所平成25年6月11日判自383号22頁
106　名古屋高判昭和44年3月31日行集20巻2・3号317頁、札幌高判平成9年5月7日行集48巻5・6号393頁等

る[107]ため、法律や条例に基づく補助金の交付決定は2号請求の対象なると考えられます。

c　被告適格

この訴訟において被告となりうるのは、訴訟の対象となる行政処分を行った行政庁の所属する地方公共団体です（地方自治法242条の2第11項、行政事件訴訟法43条1項・2項、11条1項）。

d　執行停止

行政事件訴訟法25条1項では「処分の取消しの訴えの提起は、処分の効力、処分の執行又は手続の続行を妨げない。」と規定し、執行不停止の原則がとられています。そのため、処分の取消訴訟等が提起されても、原則として、行政処分の執行は停止されません。ただし、処分の続行により生ずる重大な損害を避けるため緊急の必要があるときは、裁判所は、申立てにより、決定をもって、処分の効力、処分の執行の全部又は一部の停止をすることができることとされています（同条2項）。

住民訴訟の2号請求について、執行停止を行うことができるかが問題となります。この点に関する先例として福岡高裁決定があります。事案としては、住民が大分県本匠村長を被告として地方自治法242条の2第1項1号又は4号に基づいて中学校校舎設計業務委託料に関する損害賠償等、中学校用地整備工事代金の支出差止め等を求める住民訴訟において、行政事件訴訟法25条2項に基づいて本匠村（現在の「佐伯市」）が行おうとしている中学校校舎新築工事等について指名競争入札の実施を停止する旨の決定を求めたものです。福岡高裁は「民衆訴訟については、行政事件訴訟法25条は準用されていない（同法43条3項）から、これを本案として執行停止の申立てをすることはできない。」として本件申立ては不適法であるから却下することとされました[108]。なお、本件については、最高裁に特別抗告がなされていますが、最高裁はこの特別抗告を棄却

107　札幌高判昭和44年4月17日行集20巻4号459頁
108　福岡高決平成12年10月5日判自221号57頁

第2章　住民訴訟

し、福岡高裁の決定が確定しています[109]。

③　3号請求

a　趣旨

　執行機関又は職員に対する怠る事実、つまり不作為の違法確認の請求です。他の住民訴訟の類型とは異なり、不作為を対象とする点が特徴的です。ただし、この不作為は単に行為を行わないというだけではなく、作為義務があるにもかかわらずその行為が行われない場合に、違法な不作為となります。地方自治法242条1項ではこの怠る事実として①「公金の賦課・徴収を怠る事実」と②「財産の管理を怠る事実」の2つの類型が定められています。

　3号請求は、4号請求と異なり地方公共団体の執行機関や職員の責任を追求するためのものではなく、執行機関等に対して権限の行使を促して地方公共団体の財務上の損害を防止、是正しようとすることを目的としています。

［図表2-6］　3号請求訴訟のしくみ

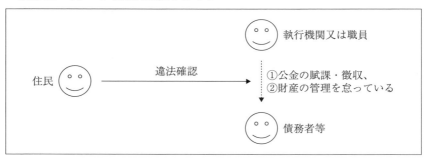

b　怠る事実

・公金の賦課・徴収を怠る事実

　公金の賦課とは、地方税、使用料、加入金、手数料及び過料（地方自治法223条～228条）の納付を命じる行政処分です。また公金の徴収とは、それらの納入

109　最決平成13年1月25日判自221号55頁

を行わない者から督促又は滞納処分の手続に従って強制的に取り立てることをいいます。

・財産の管理を怠る事実

　ここにいう財産とは、地方自治法237条に規定する公有財産、物品、債権及び基金をいいます。そして、管理とは、その財産の価値の低下を防ぐために財産を良好な状態に維持・保全することをいいます。特に債権については、徴収手続の遅れによって債権が時効により消滅するなど地方公共団体に損害を生ずる場合もあるため適切な時期に、徴収など適切な方法により管理することが求められます。

　なお、怠る事実はいつまで存在している必要があるのかが問題となりますが、3号請求は執行機関等に対して権限の行使を促して地方公共団体の財務上の損害を防止、是正しようとすることを目的としているため、過去に怠っていたとしても既になされた事実を訴訟で争うことはできません。したがって、怠る事実は、口頭弁論終結時において存在していなければならず、怠る事実が存在しない場合には訴えは却下されることになります[110]。

　なお、違法な状態を是正するために選択することのできる合理的で現実的な手段が存在する場合に、合理的かつ現実的な措置を行えば、原告の請求どおりの措置をとらないとしても、必ずしも怠る事実があるということにならないとされています[111]。

c　被告適格

　3号請求における被告は、執行機関又は職員です。なお、この職員について、裁判例では「怠る事実の違法確認請求は、地方公共団体の執行機関又は職員に対し、個人としてその職務懈怠の責任を追及することを目的としたものではなく、職務懈怠の違法を確認することによってその違法状態を除去し、もって地方公共団体の財務の適法性を確保することを目的としたものであるから、

110　広島地判昭和50年8月29日行集26巻7・8号952頁、岡山地判昭和52年12月27日行集28巻12号1380頁

111　最判平成24年2月16日民集66巻2号673頁

第 2 章　住民訴訟

怠る事実の違法確認を求める相手方は、現に当該怠る事実に係る権限を有している者に限られる」としています[112]。

　なお、委任、専決を行った場合の被告適格については、2 号請求において説明したことと同様です（75頁参照）。

④　4 号請求

a　意義

　地方自治法242条の 2 第 1 項 4 号の規定に基づく住民訴訟は、2002年（平成14年）に改正され、(a)住民が地方公共団体の執行機関など損害賠償等の請求や賠償命令を行う権限を有する者を被告とし、当該職員等に対し損害賠償等を請求すること又は賠償命令をすることを求める訴訟と、(b)その認容判決の後、損害賠償金等が支払われない場合に、地方公共団体が当該職員等に対して請求に係る損害賠償等を求める訴訟又は賠償命令に係る損害賠償を求める訴訟との 2 段階に再構成されました[113]。

［図表 2-7］　4 号請求訴訟の改正前、改正後の比較

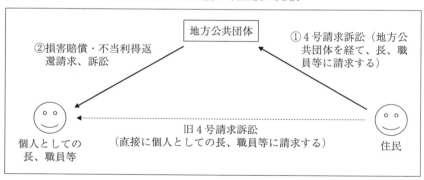

―――――――――
112　東京地判平成12年 8 月29日判時1733号33頁
113　改正前は、住民が地方公共団体に代位して、財務会計上の行為を行う権限を有する長あるいは職員を被告として損害賠償等を求める訴えと構成されていました。しかし、『地方分権時代の住民自治制度のあり方及び地方税財源の充実確保に関する答申』を踏まえて2002年（平成14年）の地方自治法の改正により現行の形に変更されました。

3 住民訴訟の類型

・第4号前段の請求

　地方自治法242条の2第1項第4号前段の規定は、とても複雑でなかなか理解できないと思います。［図表2－8］のように3つのブロックに分けることによって、読みやすくなると思いますので、この図表を基に条文を読んでみてください。

［図表2－8］　改正後の4号請求の条文の構成

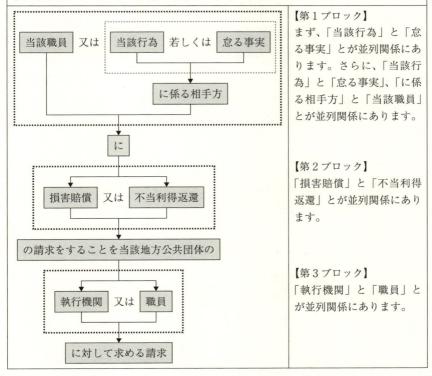

　4号請求についてはその内容を詳細に分類すると非常に多くの形態が規定さ

83

れていますので、すべてを挙げることはできませんが、ほんの数例を挙げると次のような訴訟形態になります。

①当該職員に損害賠償の請求をすることを、当該地方公共団体の執行機関に対して求める請求

②当該行為に係る相手方に損害賠償の請求をすることを、当該地方公共団体の執行機関に対して求める請求

③怠る事実に係る相手方に不当利得返還の請求をすることを、当該地方公共団体の職員に対して求める請求

・第4号後段の請求

　会計管理者、会計管理者の事務を補助する職員、資金前渡を受けた職員がその保管に係る現金、有価証券又は物品亡失し、又は損傷したとき、あるいは占有動産を保管している職員又は物品を使用している職員が占有動産又はその使用に係る物品を亡失し、又は損傷したときは、これによって生じた損害を賠償しなければならないとされています（新地方自治法243条の2の2）。地方公共団体の長は、新地方自治法243条の2の2第1項に規定する職員には含まれずに、民法の債務不履行や不法行為の規定による責任を負うべきであるとされています[114]。

　第4号後段において、会計管理者等に対して同条の規定に基づく賠償の命令をすることを求める請求について規定されています。

b　被告適格

　2002年（平成14年）の地方自治法改正後は、損害賠償請求権あるいは不当利得返還請求権の行使について義務付けを求めることとされたため、これらの請求権を行使する権限を有する執行機関又は職員が被告とされることになりました。また、義務付けの対象が賠償命令を行うことである場合には、賠償命令を発する権限を有する執行機関又は職員が被告適格を有することになります。原則として、知事、市町村長が、これらの権限を有しており（地方自治法240条2

---

[114]　最判昭和61年2月27日民集40巻1号88頁

項、3項、243条の2）、被告適格を有することになります。ただし、公営企業に関しては公営企業管理者が、これらの権限を有しており、被告適格を有することになります（地方公営企業法8条、34条）。また、これらの者の権限が職員に委任されている場合には、受任者である職員が被告となります。

c 損害賠償又は不当利得返還請求の相手方

前述のとおり2002年（平成14年）の改正により4号請求は義務付け訴訟に変更されました。そのため、4号請求においては、損害賠償又は不当利得返還について、「当該職員」、「当該行為の相手方」、「怠る事実に係る相手方」に対する請求を義務付けることになります。

さらに、新地方自治法243条の2の2第3項の規定による賠償の命令については、同条に基づく損害賠償の責任を負う者に対する請求を義務付けることになります。

そのため、住民訴訟の提起に当たっては、誰に対して損害賠償又は不当利得返還請求を行うことを、執行機関等に義務付けるかを特定しなければなりません。

・当該職員

まず、当該職員の範囲については、2002年（平成14年）の地方自治法改正前の4号請求訴訟（以下「旧4号請求訴訟」といいます）において被告適格を有することとされた者と同様の考え方をすることができます。旧4号請求訴訟における判例において「「当該職員」とは、住民訴訟制度が法242条1項所定の違法な財務会計上の行為又は怠る事実を予防又は是正しもつて地方財政行政の適正な運営を確保することを目的とするものと解されることからすると、当該訴訟においてその適否が問題とされている財務会計上の行為を行う権限を法令上本来的に有するものとされている者及びこれらの者から権限の委任を受けるなどして右権限を有するに至つた者を広く意味」するとされています[115]。

さらに、専決権者が当該職員となるかも問題となりますが、当該職員の範囲

---

115 最判昭和62年4月10日民集41巻3号239頁

について地方公共団体の「内部において、訓令等の事務処理上の明確な定めにより、当該財務会計上の行為につき法令上権限を有する者からあらかじめ専決することを任され、右権限行使についての意思決定を行うとされている者も含まれる」として、専決権者も当該職員に当たるとしています[116]。

1号請求では、専決権者は被告適格を有さないと説明しました（75頁）。一方、4号請求はついては、専決権者は当該職員となるという点に疑問を持つ方もいるかもしれません。

1号請求では、専決権者を被告として差止請求が認容されたとしても、本来の権限者は当該行為を行うことができるため、住民訴訟の実効性確保の視点から、本来の権限者のみが被告適格を有することとされています。これに対して、4号請求における当該職員は損害賠償請求又は不当利得返還請求を求める相手方であるため、実際の決定権を有する専決権者が対象となるのです。このように住民訴訟において請求する内容が異なるから、専決権者についての判断が分かれることになるのです。

なお、知事、市町村長の権限について受任者あるいは専決権者が財務会計上の行為を行った場合であっても、知事、市町村長は監督責任を有することから「当該職員」に該当するものとされています[117]。

・「当該行為」又は「怠る事実の」に係る相手方

次に「当該行為」又は「怠る事実の」に係る相手方については、財務会計上の違法な行為により生じた損害賠償の責任又は不当利得の返還義務を負う者、あるいは財産の管理を違法に怠ることによって生じた損害賠償の責任又は不当利得の返還義務を負う者にして賠償又は返還を求める訴訟です。

4　4号請求固有の問題

4号請求は、①当該職員に損害賠償又は不当利得返還の請求をすること、あ

---

[116] 最判平成3年12月20日民集45巻9号1503頁
[117] 最判平成5年2月16日民集47巻3号1687頁

るいは②当該行為又は怠る事実の相手方に損害賠償又は不当利得返還の請求をすることを、地方公共団体の執行機関又は職員に対して求める訴訟です。そのため、この訴訟では、当該職員、あるいは当該行為又は怠る事実の相手方の損害賠償責任あるいは不当利得の返還義務の根拠を明確にする必要があります。

［図表 2 - 9 ］　4 号請求の請求相手方と内容

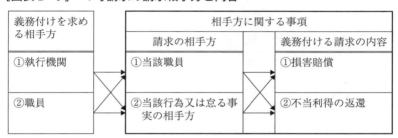

(1) **当該職員の賠償責任の根拠**

　地方自治法242条の 2 第 1 項 4 号では「当該職員又は当該行為若しくは怠る事実に係る相手方に損害賠償又は不当利得返還の請求をすることを当該普通地方公共団体の執行機関又は職員に対して求める請求」と規定するのみで、その請求権の根拠については規定していません。そのため、 4 号請求の成立を考えるためには、前提として当該地方公共団体が職員に対して有することとされる請求権の法的な根拠を明確にする必要があります。

・**会計管理者等の責任**

　職員の賠償責任の根拠としては、新地方自治法243条の 2 の 2 第 1 項に基づく責任及びその他の賠償責任があります。

① **新地方自治法243条の 2 の 2 第 1 項に基づく賠償責任**

　新地方自治法243条の 2 の 2 では、会計管理者、会計管理者の事務を補助する職員、資金前渡を受けた職員、占有動産を保管している職員、物品を使用している職員の賠償責任について規定しています。これらの職員が故意又は重大

第2章　住民訴訟

な過失（現金については、故意又は過失）により、現金、有価証券、物品、占有動産、物品を亡失又は損傷したときは、これによって生じた損害を賠償しなければなりません。また、①支出負担行為、②支出命令、③支出負担行為の確認、④支出又は支払、⑤契約履行の監督又は検査をする権限を有する職員、その事務を補助する職員が、故意又重過失でその行為をし、又は怠って地方公共団体に損害を与えた場合も同様に損害を賠償しなければなりません。

[図表2-10]　会計職員、動産を占有する職員への賠償命令手続

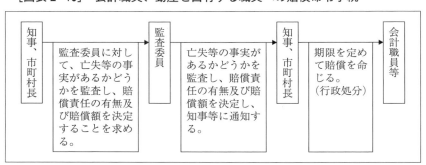

　新地方自治法243条の2の2第1項に規定する会計管理者及びその事務を補助する職員、資金前渡職員、物品を使用する職員等については、同項に規定する行為（法令の規定に違反した支出又は出払、使用に係る物品の亡失又は損傷等）に関する限り、その損害賠償責任は地方自治法が特別法として優先して適用され「法243条の2（著者注：新地方自治法243条の2の2）の規定は、同条1項所定の職員の行為に関する限りその損害賠償責任については民法の規定を排除」するため、同条の規定に基づいて賠償責任が問われることになります[118]。

・その他の職員の責任

　同条の規定に基づく賠償命令の対象とはならない職員については、民法の規

118　前掲注114
119　広島高裁岡山支部平成21年9月17日判時2089号37頁

定に基づく債務不履行と不法行為が根拠となります119。

② **債務不履行責任**

債務不履行には、履行遅滞、履行不能、不完全履行の3つの態様があり、履行遅滞及び履行不能は民法415条に規定されています。①履行遅滞とは、履行が可能であるのに履行期までに履行されないことをいいます。また、②履行不能とは、契約等によって債権が成立した後に、履行が不可能な状態となったことをいいます。最後に③不完全履行とは、一応債務は履行されたものの、その内容が不完全であることをいいます。

債権者である地方公共団体が、債務者に対して債務不履行責任を追及するためには、職員が次の要件を満たしている必要があります。

a **債務者が債務の本旨に従った履行をしないこと**

契約に基づいて果たさなければならない義務を履行していないことです。この「履行しないこと」について、履行遅滞、履行不能、不完全履行の3つの類型があります。

b **債務者の責めに帰すべき事由によること**

責めに帰すべき事由とは、債務者の故意又は過失のことです。私的自治の原則から、故意または過失がなければ責任を負わないとする原則（過失責任主義）がとられています。故意とは、債務不履行が生じることを知っていることであり、過失とはその債務の履行に関して一般的に要求される程度の注意を怠ったために債務不履行が生じること、認識しなかったことをいいます。

民法415条では、債務者の責めに帰すべき事由は履行不能について書かれているだけですが、判例や学説は債務不履行の3つの態様ともにこれが必要であるとしています。ただし、金銭債務については、債務者の責めに帰すべき事由は不要とされています（民法419条3項）。

c **履行しないことが違法であること**

履行期を過ぎても履行されない場合には、原則として違法となりますが、債務者が同時履行の抗弁権等を有している場合のように、履行しなくても適法とされるときは履行期が過ぎても債務不履行にはなりません。

d 損害の発生

他人の権利を侵害した場合等であっても、損害が発生しなければ不法行為による損害賠償請求権は発生しません。損害とは、財産が減少し、又は財産を支出した場合（積極的損害）、あるいは増えるべきものが増えなかったとか、入るべき収入が入らなかった（消極的損害）の両方を含むものです。また、このような財産的な損害はもちろんのこと精神的な苦痛（精神的損害）についても賠償を求めることができます。もっとも、地方公共団体が精神的な苦痛を被ることはあり得ないため、4号請求においては、原則として精神的損害は生じないものと考えられます。

e 因果関係

なお、債務不履行と損害との間には因果関係が必要とされていますが、どこまでを損害賠償の範囲に入れるかについては民法416条で規定されています。まず、1項で「通常生ずべき損害の賠償」と一般原則を定め、債務不履行から通常生ずべき損害が賠償の範囲に入るとしています。また、2項において特則を定め、特別の事情を原因として生じた損害についても、その特別の事情について予見可能性があれば、その事情から生じた損害のうち通常生じるような損害は賠償の範囲に入るものとしています。判例は、2項は、債務不履行時を基準として、債務者が予見したか、予見可能性があった損害が賠償範囲に入るという規定だと捉えています。

③ 不法行為責任

不法行為とは、他人に損害を与える違法な行為をいいます（民法709条）。債務不履行は、契約によって債務が存在することを前提とし、その義務違反が違法となります。一方、不法行為は加害者と被害者との間に契約関係の存在を前提とせず、広く一般的に被害者の法律上保護される利益を侵害することが違法となります。

不法行為の一般的な成立要件は次のとおりです。

a 加害者に帰責事由があること

債務不履行と同様に故意、過失という帰責事由があることが不法行為の成立

要件です。故意とは、他人の権利又は法律上保護される利益を侵害することを認識することであり、過失とは一般の社会人として要求される注意義務を欠くために他人の権利等を侵害することを認識しなかったことをいいます。

b　他人の権利又は法律上保護される利益を侵害したこと（違法性）

他人の権利又は法律上保護される利益を侵害したことが不法行為の成立要件です。ただし、正当防衛、緊急避難等の場合には違法性は阻却され、不法行為は成立しません。

c　損害の発生

他人の権利を侵害した場合等であっても、損害が発生しなければ不法行為による損害賠償請求権は発生しません。

d　因果関係

債務不履行責任と同様に、不法行為と損害の間に因果関係が必要です。

このように4号請求において民法における責任としては、債務不履行及び不法行為のいずれもがありえます。しかし、判例では「財務会計上の行為を行う権限を有する当該職員に対し、職務上の義務に違反する財務会計上の行為による当該職員の個人としての損害賠償義務の履行を求めるものにほかならない」として、原則として職務上の義務を前提とするものと解しており、債務不履行責任を前提としているものと解されます[120]。

なお地方公共団体の職員の違法な行為によって、地方公共団体が損害を被った場合に、職員に対する損害賠償請求を求めて住民訴訟を提起する場合、その違法行為によって利得した相手方に不当利得返還請求を行うことが可能な場合があります。そのような場合に、損害賠償の額に影響があるかという点が問題となります。下級審判決ではありますが、次のような事例があります。「地方公共団体の長の損害賠償責任の範囲は民法の規定によつて判断されるべきところ、民法上は金銭を違法に流出させたときは、被害者がその金員により不当に

---

[120]　最判平成4年12月15日民集46巻9号2753頁、最判平成20年1月18日民集62巻1号1頁、最判平成25年3月21日民集67巻3号375頁

利得したものに対し不当利得返還請求権を有する場合でも、違法流出者に対し流出額について賠償を求めることができる」としています[121]。

　民法の規定に基づく責任として、財務会計上の行為を行う権限を有する職員に対するもの、及びその権限を有する職員を監督する立場にあるものと2つの類型が考えられます。前者としては、地方自治法上、予算執行権を有する知事や市町村長のほか専決権限を有する者も含まれます。判例では、「財務会計上の行為を行う権限を有する当該職員に対し、職務上の義務に違反する財務会計上の行為による当該職員の個人としての損害賠償義務の履行を求めるものにほかならない」[122]とされています。

　また、後者については、法律上本来的に権限を有することとされている地方公営企業の管理者の権限について、受任者あるいは専決権者が管理者の権限に属する財務会計上の行為を専決により処理した場合は、管理者は補助職員が財務会計上の違法行為をすることを阻止すべき指揮監督上の義務に違反し、故意又は過失により右補助職員が財務会計上の違法行為をすることを阻止しなかったときに限り、地方公共団体が被った損害につき賠償責任を負うとしています。つまり、管理者がその権限に属する財務会計上の行為を特定の補助職員に専決させることとしている場合は、内部的にはその権限は補助職員にゆだねられ、補助職員が自らの判断において財務会計行為を行うものとされるのであるから、一義的には自らの判断において行為を行った補助職員が賠償すべきものであって、管理者は補助職員に対する指揮監督上の帰責事由が認められない限り損害賠償責任を負うべき理由はないとしています[123]。地方公共団体の長についても同様に解することになります。

　これらの責任に関する判例を見ておきましょう。まず、最判平成24年4月20

121　京都地判昭和62年2月18日判タ647号135頁
122　最判平成4年12月15日民集46巻9号2753頁
123　最判平成3年12月20日民集45巻9号1455頁、最判平成5年2月16日民集47巻3号1687頁

4　4号請求固有の問題

日[124]は、神戸市の住民が、市がその職員を派遣していた団体に対して派遣職員の給与相当額を含む補助金又は委託料を支出したことは公益法人等への一般職の地方公務員の派遣等に関する法律（以下、派遣法といいます。）を潜脱するもので違法、無効であるとして、地方自治法242条の2第1項4号に基づき、市長であったYに対して損害賠償請求をすることなどを求めた事案です。

この判決では、「本件補助金等の支出当時の市長であったYにおいて、派遣法6条2項の規定との関係で、本件各団体に対する本件補助金等の支出の適法性について疑義があるとして調査をしなかったことがその注意義務に違反するものとまではいえず、その支出をすることが同項の規定又はその趣旨に反するものであるとの認識に容易に至ることができたとはいい難い。そうすると、本件補助金等の支出当時の市長であったYにおいて、自らの権限に属する財務会計行為の適法性に係る注意義務に違反したとはいえず、また、補助職員が専決等により行う財務会計上の違法行為を阻止すべき指揮監督上の義務に違反したともいえない」として、市長として尽くすべき注意義務を怠った過失はないと判断しました。

また、最判平成20年11月27日[125]は、静岡県の住民が、退職した教職員に支払う退職手当に係る源泉所得税を県が法定納期限後に納付したため延滞税及び不納付加算税の納付を余儀なくされたことにつき、納付が法定納期限後となったのは県教育委員会財務課の職員の事務処理上の過誤によるものであるとして、県に代位して、当時財務課長であった者に対して損害賠償を求めた事案です。この事件に関する控訴審判決では「予算執行職員等に該当しない職員が予算執行職員等を補助する場合において、当該補助行為に関する違法が法243条の2第1項各号に掲げる行為の違法を構成する関係にあるときには、同項後段所定の要件の下に損害賠償責任を負うのは予算執行職員等に限られ、当該補助職員自らは損害賠償責任を負わず、その補助行為は、予算執行職員等が予見可

124　民集66巻6号2583頁
125　裁判集民229号269頁

第2章　住民訴訟

能な範囲内のものである限り、当該予算執行職員等の行為と同視され、当該予算執行職員等が当該行為を行い又は怠ったものとして重大な過失があるかどうかが評価されるものと解するのが相当である」としていました。

しかし、最高裁は「法243条の2第1項後段の規定する予算執行職員等の損害賠償責任は、故意又は重大な過失により違法に「当該行為をしたこと又は怠ったこと」に基づく責任であるから、その責任が生ずるためには、予算執行職員等自身が故意又は重大な過失により違法な行為をし又は違法に職務を怠ったと認められることが必要であり、予算執行職員等は、これに該当しない職員の補助を受けてその職務の執行をする場合においても、その補助職員が違法な行為をしたこと又は違法に職務を怠ったことにつき、当然に自らの行為と同視されてその責任を問われるものではない」と、予算執行職員等自身が故意又は重大な過失がない限り賠償責任を負わないとしました。

［図表2-11］　4号請求における当該職員の損害賠償責任

当該職員の種類	責任の根拠と要件
①当該訴訟においてその適否が問題とされている財務会計上の行為を行う根拠を法令上本来的に有するものとされている者（地方公共団体の長、地方公営企業管理者）	①財務会計上の行為 　a 不法行為責任（民法79条）→　故意又は過失が必要 　b 債務不履行責任（民法415条）→　故意又は過失が必要 ②指揮監督責任 　債務不履行責任（民法415条）→　故意又は過失が必要
②本来的権限者から権限の委任を受けるなどして財務会計上の行為を行う権限を有するに至った者（例：専決権限をゆだねられた補助職員等）	財務会計上の行為 ①不法行為責任（民法79条）→　故意又は過失が必要 ②債務不履行責任（民法415条）→　故意又は過失が必要
③ 　a 会計管理者又は会計管理者の事務を補助する職員、	新地方自治法243条の2の2第1項前段の責任 その保管に係る現金、有価証券、物品（基金に属する動産を含む。）若しくは占有動産又はそ

4　4号請求固有の問題

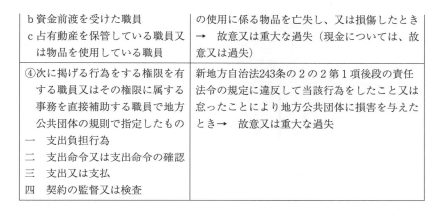

b 資金前渡を受けた職員 c 占有動産を保管している職員又は物品を使用している職員	の使用に係る物品を亡失し、又は損傷したとき →　故意又は重大な過失（現金については、故意又は過失）
④次に掲げる行為をする権限を有する職員又はその権限に属する事務を直接補助する職員で地方公共団体の規則で指定したもの 一　支出負担行為 二　支出命令又は支出命令の確認 三　支出又は支払 四　契約の監督又は検査	新地方自治法243条の2の2第1項後段の責任 法令の規定に違反して当該行為をしたこと又は怠ったことにより地方公共団体に損害を与えたとき→　故意又は重大な過失

[図表2-12]　職員の賠償責任の類型

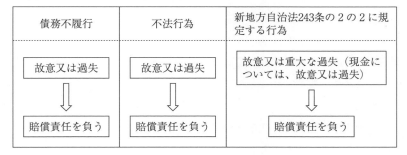

(2) 職員の不当利得返還責任

　正当な理由なく利得を得て、これによって他人に損失を及ぼした者に対して、損失を被った人は利得の償還を命じることができます（不当利得返還請求。民法703条）。例えばAが無効な売買契約に基づいて、Bに売買代金を支払ったとすれば、Bは正当な理由がないのに利得を得ているのに対して、Aは代金分の損失を被っていることになります。そのため、代金に相当する金員をBからAに返還すべきことになります。

第2章　住民訴訟

　不当利得の要件は、次のとおりです。
・他人の財産又は労務によって利益を受けたこと（受益）
・他人に損失を与えたこと（損失）
・利得と損失との間に因果関係があること（因果関係）
・法律上の原因がないこと

　不当利得の効果として、受益者は損失者に対して不当利得返還義務を負うことになります。善意の受益者は現存利益を限度として返還義務を負います（民法703条）。悪意の受益者は、受けた利益の全部、その利息、損害賠償の支出義務を負います（民法704条）。なお善意とは、利得が法律上の原因を欠くことを知らないことをいい、悪意とはそのことを知っていることをいいます。

　不当利得返還請求の義務付けが認められた4号請求訴訟の例としては、次のようなものがあります。

　山梨県議会議員らが、政務調査費として旅費の支給を受け実施したアメリカ及びエジプト等への海外研修について、地方自治法100条13項ないし同条14項の要件を満たしていないため、各議員らに対し不当利得返還請求を行うべきであるとしました（東京高判平成25年9月19日判自382号30頁。最決平成26年5月19日上告棄却及び上告不受理の決定により確定）。

　大阪府吹田市の住民が、吹田市による社団法人大阪府市町村職員互助会への補助金の支出が違法であるとして、同互助会に対する不当利得返還請求を認容しました（大阪高判平成16年2月24日判自263号9頁）。

(3)　職員等以外の者に対する損害賠償・不当利得返還請求

　ここまでは、地方公共団体の職員や議員に対する損害賠償請求あるいは不当利得返還請求を考えてきましたが、地方公共団体の職員以外の者に対する損害賠償請求や不当利得返還請求が問題になる場合があります。例えば契約に際して談合を行った事業者に対して、損害賠償請求を行うように求めて住民訴訟を提起する場合もあります。また、補助金を違法に受け取った者に対して不当利得返還請求を行うよう求めて住民訴訟提起することも可能です。そのような場

合の損害賠償責任あるいは不当利得返還請求の成立要件については、これまで地方公共団体の職員について説明してきたことと同様です。例えば、談合により入札金額がつり上げられたことで地方公共団体が損害を被ったとして、落札業者の損害賠償責任を認めた事案もあります[126]。

[図表2-13]　4号請求訴訟のしくみ

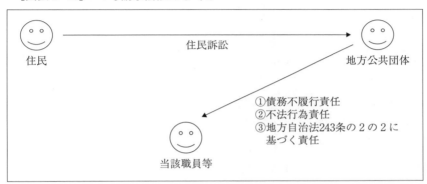

(4)　損害の発生

　違法な財務会計上の行為を行った場合でもあっても必ずしもその地方公共団体に損害が発生するわけではありません。

　そのように損害が発生しない場合にも4号請求を行うことができるかが問題となります。

　違法行為によって地方公共団体が利得した場合について、判例では「地方自治法242条の2第1項4号に基づく住民訴訟において住民が代位行使する損害賠償請求権は、民法その他の私法上の損害賠償請求権と異なるところはないというべきであるから、損害の有無、その額については、損益相殺が問題になる場合はこれを行った上で確定すべきものである。したがって、財務会計上の行為により普通地方公共団体に損害が生じたとしても、他方、右行為の結果、そ

126　大阪高判平成18年9月14日判タ1226号107頁

の地方公共団体が利益を得、あるいは支出を免れることによって利得をしている場合、損益相殺の可否については、両者の間に相当因果関係があると認められる限りは、これを行うことができる」として、利得と損害を相殺した上で、賠償責任の有無を判断しています[127]。

なお、この損益相殺に関しては、財務会計上の行為と利得との間に因果関係が必要とされており、両者の間に因果関係がないとして損益相殺が否定された判例もあります[128]。

また、住民訴訟によって請求される損害額に関する事案として、市が業者との間で廃棄物の運搬等の委託契約を締結し、これに基づく委託料を支払ったところ、住民がこの委託契約は廃棄物の処理及び清掃に関する法律等に違反するもので違法、無効であり、これに基づく委託料の支出も違法であるなどと主張して、当時市長の職にあった者に対し損害賠償請求をすることを求めた訴訟があります。この判決では、「Y（著者注：その支出当時に市長の職にあった者）の不法行為については、廃棄物処理法に違反する違法な本件各委託契約に基づいて支払われた委託料の額が、仮に本件委託契約に代えて上記処理困難物の運搬や積込みの業務及びその処分の業務に係る各委託契約がそれぞれ同法に違反しない適法な契約として締結されていたとすれば市が負担したであろう適正な委託料の額を超える場合に限り、Yが市に賠償すべき損害が発生したものと認められ、これらの差額がその損害額になる」して、実際に損害が生じたと考えられる額とされています[129]。

さらに次の事例もあります。東京都国立町（現在の「国立市」）は公共用地の取得のために長期資金の借入れが必要となりましたが、これについて地方債を起こす方法によらずに金融機関から資金を借り入れ公共用地の購入代金の支払にあて金融機関に対し利息額の支払いを行いました。この利息の支払いによっ

127　最判平成6年12月20日民集48巻8号1676頁
128　最判昭和58年7月15日民集37巻6号849頁
129　最判平成25年7月12日判自373号74頁

4　4号請求固有の問題

て町が損害を被ったとする住民訴訟において「国立町が地方債を起こして本件売買契約の買収代金を調達したとしても、利息等の費用の負担を余儀なくされるのであるから、地方債の発行に伴い国立町が通常負担するであろう利息等の費用に相当する額は、損害にあたらない」と判断を示しています[130]。

(5)　損害賠償額の算定

　4号請求訴訟において損害賠償請求を求める場合には、住民訴訟を提起する住民において、その賠償額を明確にすることは極めて困難なこともあります。そのため、損害が生じたことが認められる場合において、損害の性質上その額を立証することが極めて困難であるときは、民事訴訟法248条に規定に基づいて、裁判所が口頭弁論の全趣旨及び証拠調べの結果に基づき相当な損害額を認定する場合もあります。

> **民事訴訟法**
> （損害額の認定）
> 第248条　損害が生じたことが認められる場合において、損害の性質上その額を立証することが極めて困難であるときは、裁判所は、口頭弁論の全趣旨及び証拠調べの結果に基づき、相当な損害額を認定することができる。

　なお、4号請求訴訟において、この民事訴訟法248条の規定を適用した裁判例として次のようなものがあります。

　工事に係る指名競争入札の際入札業者が談合を行なった事案において、「談合がなければ公正な自由競争の下に形成されたであろう想定落札価格は、談合の結果、現実には形成されなかった価格であり、しかもこの想定落札価格は、当該工事の種類、規模及び特殊性、地域の特性、入札参加者の数、各業者の受注意欲及び財政状況、入札当時の経済情勢等の多種多様な要因が複雑に絡み合って形成されるため、証拠に基づいて具体的に認定することは極めて困難である。」として民事訴訟法248条を適用して、裁判所が相当な損害額を認定しま

130　最判昭和55年2月22日判タ413号84頁

した[131]。4号請求において民事訴訟法248条の規定を適用して、裁判所において損害額を認定した事案のほとんどは談合によって地方公共団体が損害を被ったとするものですが、社会福祉法人が県から補助金を不当に取得し、その結果、県に損害を与えたとする裁判例においても本条を適用しているものと思われます[132]。

(6) 先行行為の違法性

住民訴訟において、その訴訟の対象とされている財務会計上の行為の違法性について、対象とされている財務会計上の行為に先行して、その原因となった原因行為の違法性を主張することができるかが争われることがあります。原因行為の違法性の主張を無制限に許してしまうと、訴訟の対象とされていない行為の違法性を住民訴訟で争うことになってしまいます。そのため、どのような場合に、原因行為の違法性を主張することができるかが問題となります。このような問題を違法性の承継といいます。この点に関しては、いくつかの判例において問題となっています。

①川崎市退職金支払無効住民訴訟上告審判決（最判昭和60年9月12日裁判集民145号357頁）

・事案：収賄の容疑で逮捕された市職員を逮捕後4日目に懲戒免職でなく分限免職にして退職手当を支給したことが違法な公金の支出に当たるとして、市長個人等に対して損害賠償を求めた事案です。

・判決：「地方自治法242条の2の住民訴訟の対象が普通地方公共団体の執行機関又は職員の違法な財務会計上の行為又は怠る事実に限られることは、同条の規定に照らして明らかであるが、右の行為が違法となるのは、単にそれ自体が直接法令に違反する場合だけではなく、その原因となる行為が法令に違反し許されない場合の財務会計上の行為もまた、違法となるのである（最高

131　大阪地判平成25年3月21日裁判所ウェブサイト
132　さいたま地判平成18年3月22日判自299号9頁

裁昭和46年（行ツ）第69号同52年7月13日大法廷判決・民集31巻4号533頁参照）。そして、本件条例の下においては、分限免職処分がなされれば当然に所定額の退職手当が支給されることとなっており、本件分限免職処分は本件退職手当の支給の直接の原因をなすものというべきであるから、前者が違法であれば後者も当然に違法となるものと解するのが相当である。」として、原因行為が財務会計行為の「直接の原因となすもの」であるか否かという基準を示しています。ただし、本件の結論としては、「職員に懲戒事由が存する場合に、懲戒処分を行うかどうか、懲戒処分をするときにいかなる処分を選ぶかは、任命権者の裁量にゆだねられていること（最高裁昭和47年（行ツ）第52号同52年12月20日第三小法廷判決・民集31巻7号1101頁参照）にかんがみれば、上告人の原審における主張事実を考慮にいれたとしても、右の収賄事実のみが判明していた段階において、A（筆者注：元市職員）を懲戒免職処分に付さなかったことが違法であるとまで認めることは困難であるといわざるを得ない。」として、市長個人等の損害賠償責任を否定しました。

② １日校長事件（最判平成4年12月15日民集46巻9号2753頁）
・事案：東京都教育委員会が、退職勧奨に応じた都立学校教頭職にある者29名を退職前日の3月31日付で校長に任命し、2号級昇級させた上で、退職を承認したことに端を発する事件です。そして、この昇級が不当だと考えた住民が、退職手当の支給が違法だとして、知事に対し地方自治法242条の2第1項4号に基づき、都に代位して、知事個人に対して損害賠償を求めた住民訴訟です。
・判決：この事件において争われた財務会計上の行為は退職金の支出ですが、実際に問題とされたのは先行行為である校長への昇任処分です。この判決では、住民訴訟における先行行為の違法性の主張を認める基準として「先行する原因行為に違法事由が存する場合であっても、右原因行為を前提としてされた当該職員の行為自体が財務会計法規上の義務に違反する違法なものであるときに限られる」としました。そして、この事案においては、地方教育行政の組織及び運営に関する法律は、地方公共団体の区域内における教育行政

は、原則として、地方公共団体の長から独立した機関である教育委員会の固有の権限とすることにより、教育の政治的中立と教育行政の定安（原文ママ）の確保を図るとともに、教育行政の運営のために必要な、財産の取得、処分、契約の締結その他の財務会計上の事務に限って地方公共団体の長の権限とすることにより、教育行政の財政的側面を地方公共団体の一般財政の一環として位置付け、地方公共団体の財政全般の総合的運営の中で、教育行政の財政的基盤の確立を期すものである、とした上で、このような「教育委員会と地方公共団体の長との権限の配分関係にかんがみると、教育委員会がした学校その他の教育機関の職員の任免その他の人事に関する処分（地方教育行政の組織及び運営に関する法律23条3号）については、地方公共団体の長は、右処分が著しく合理性を欠きそのためこれに予算執行の適正確保の見地から看過し得ない瑕疵の存する場合でない限り、右処分を尊重しその内容に応じた財務会計上の措置を採るべき義務があり、これを拒むことは許されない」としています。

[図表2-14] 1日校長事件における訴訟対象と違法性

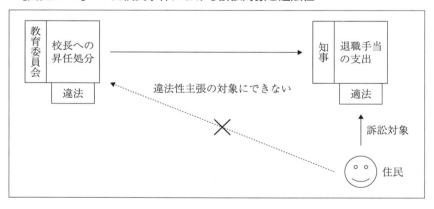

③**県議会野球大会旅費等返還請求事件**（最判平成15年1月17日民集57巻1号1頁）
・事案：県議会の議員らが本件野球大会に参加するために行われた旅費の支出

は違法であると主張して、議会事務局長の職者等に旅費総額相当の損害賠償を、議員の職にあった者に旅費総額相当の不当利得の返還を、それぞれ求めた住民訴訟です。

・判決：判決では「県議会議長が行った議員に対する旅行命令は違法なものではある」としました。ただし、「法242条の2第1項4号に基づき当該職員に損害賠償責任を問うことができるのは、先行する原因行為に違法事由がある場合であっても、上記原因行為を前提にしてされた当該職員の行為自体が財務会計法規上の義務に違反する違法なものであるときに限られる」。また、「予算執行権を有する普通地方公共団体の長は、議会を指揮監督し、議会の自律的行為を是正する権限を有していないから、議会がした議員の派遣に関する決定については、これが著しく合理性を欠きそのために予算執行の適正確保の見地から看過し得ない瑕疵がある場合でない限り、議会の決定を尊重しその内容に応じた財務会計上の措置を執る義務があり、これを拒むことは許されない」として、支出負担行為及び支出命令をする権限を有する職員の損害賠償責任を否定しました。

④築上町移転補償費支出事件（最判平成25年3月21日民集67巻3号375頁）

・事案：築上町が町有地上の建物の取壊しに伴いこれを使用していた団体との間で同団体に移転補償をすることを合意してその旨の契約を締結した上、その契約に基づき町長が補償金の支出命令をしたところ、町の住民がこの契約は公序良俗に反し無効であるか又は違法であるから、本件支出命令も違法であり、それにより町が損害を受けたとして町長個人に対して不法行為に基づく損害賠償の請求をすることを求めた住民訴訟です。

　1日校長事件では、先行行為を行ったのが教育委員会で、財務会計上の行為を行ったのが都知事でした。この事件では、先行行為である移転補償契約を締結したのも、財務会計上の行為である支出命令を行ったのも町長という大きな違いがあります。

・判決：
この事案の判決では、先行行為と後続の財務会計上の行為との関係につい

て、「普通地方公共団体が締結した支出負担行為たる契約が違法に締結されたものであるとしても、それが私法上無効ではない場合には、当該普通地方公共団体が当該契約の取消権又は解除権を有しているときや、当該契約が著しく合理性を欠きそのためその締結に予算執行の適正確保の見地から看過し得ない瑕疵が存し、かつ、当該普通地方公共団体が当該契約の相手方に事実上の働きかけを真しに行えば相手方において当該契約の解消に応ずる蓋然性が大きかったというような、客観的にみて当該普通地方公共団体が当該契約を解消することができる特殊な事情があるときでない限り、当該契約に基づく債務の履行として支出命令を行う権限を有する職員は、当該契約の是正を行う職務上の権限を有していても、違法な契約に基づいて支出命令を行ってはならないという財務会計法規上の義務を負うものとはいえず、当該職員が上記債務の履行として行う支出命令がこのような財務会計法規上の義務に違反する違法なものとなることはない」としました。そして結論として、「本件移転補償契約は、違法に締結されたものであるとしても、公序良俗に反し私法上無効であるとはいえず、他にこれを私法上無効とみるべき事情もうかがわれないところ、町がその取消権又は解除権を有していたとはいえず、また、町がB協議会に事実上の働きかけを真しに行えばB協議会においてその解消に応ずる蓋然性が大きかったというような、客観的にみて町がこれを解消することができる特殊な事情があったともいえないから、A（著者注：町長）が本件移転補償契約に基づいて支出命令を行ってはならないという財務会計法規上の義務を負っていたとはいえず、Aが当該契約に基づく債務の履行として行った本件支出命令がこのような財務会計法規上の義務に違反する違法なものであったということはできない」として、町長の損害賠償責任を否定しました。

[図表2-15] 先行行為と支出命令との関係

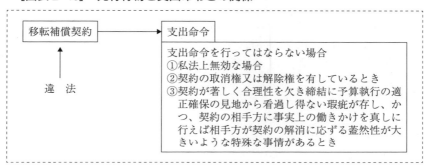

5 住民訴訟の訴訟手続

　住民訴訟の訴訟手続は、地方自治法に特別の規定がない限り、行政事件訴訟法7条、43条の規定によって、行政事件訴訟及び民事訴訟と同様の手続で行われることになります。

　具体的には、住民訴訟のうち処分又は裁決の取消しを求めるもの（2号請求訴訟）については、原告適格等に関する規定を除いて、取消訴訟に関する規定が準用されます。また、住民訴訟のうち処分又は裁決の無効の確認を求めるもの（2号請求訴訟）については、原告適格に関する規定を除いて、無効等確認の訴えに関する規定が準用されます。さらに、2号請求訴訟以外の住民訴訟については、出訴期間等に関する規定を除いて、当事者訴訟に関する規定が準用されます。

　本書では、地方自治法で特別に規定している事項を中心に取り上げることにします。

> **行政事件訴訟法**
> 　（この法律に定めがない事項）
> 第7条　行政事件訴訟に関し、この法律に定めがない事項については、民事訴訟の例による。
> 　（抗告訴訟又は当事者訴訟に関する規定の準用）

第2章 住民訴訟

> 第43条　民衆訴訟又は機関訴訟で、処分又は裁決の取消しを求めるものについては、第9条及び第10条第1項の規定を除き、取消訴訟に関する規定を準用する。
> 2　民衆訴訟又は機関訴訟で、処分又は裁決の無効の確認を求めるものについては、第36条の規定を除き、無効等確認の訴えに関する規定を準用する。
> 3　民衆訴訟又は機関訴訟で、前2項に規定する訴訟以外のものについては、第39条及び第40条第1項の規定を除き、当事者訴訟に関する規定を準用する。

(1) 管轄

　住民訴訟は、当該地方公共団体の事務所の所在地を管轄する地方裁判所の管轄に専属することとされています（地方自治法242条の2第5項）。また、行政訴訟は、地方裁判所支部及び簡易裁判所において扱わないとされていることから、地方裁判所の本庁においてのみ扱われます（地方裁判所及び家庭裁判所支部設置規則1条1項、裁判所法33条1項1号）。

(2) 出訴期間

　住民訴訟の出訴期間は、地方自治法242条の2第2項に次にように規定されています。この期間は、不変期間とされているため、裁判所が伸縮できません（同条3項）。

① 監査委員の監査の結果又は勧告に不服がある場合は、当該監査の結果又は当該勧告の内容の通知があった日から30日以内

② 監査委員の勧告を受けた地方公共団体の議会、長その他の執行機関又は職員の措置に不服がある場合は、当該措置に係る監査委員の通知があった日から30日以内

③ 監査委員が請求をした日から60日を経過しても監査又は勧告を行わない場合は、当該60日を経過した日から30日以内

④ 監査委員の勧告を受けた地方公共団体の議会、長その他の執行機関又は職員が措置を講じない場合は、当該勧告に示された期間を経過した日から30日以内

なお、監査委員が適法な住民監査請求を不適法であるとして却下した場合、当該請求をした住民は、適法な住民監査請求を経たものとして、直ちに住民訴訟を提起することができます。さらに当該請求の対象とされた財務会計上の行為又は怠る事実と同一の財務会計上の行為又は怠る事実を対象として再度の住民監査請求をすることも許されます。また、監査委員が適法な住民監査請求を不適法であるとして却下した場合、住民訴訟の出訴期間は、地方自治法242条の2第2項1号に準じ、却下の通知があった日から30日以内が出訴期間であると解されます[133]。

[図表2-16]　住民監査請求と住民訴訟の期間制限

財務会計上の行為	住民監査請求	監査結果の通知		訴訟提起
	←　1年以内　→		←30日以内→	

(3)　別訴の禁止

地方自治法242条の2第4項において、住民訴訟が係属しているときは、他の住民は、別訴をもって同一の請求をすることができないとされています。これは、住民訴訟において複数の住民が同一の請求を行おうとする場合には必ず共同訴訟として提起することを求め、1回での解決を図ろうとする趣旨です。この「同一の請求」については、4号請求にあっては訴訟物の異同をもって判断基準とするのが相当であるとしています[134]。

なお、1号請求に関しては、「差止請求は、普通地方公共団体の執行機関の違法な財務会計上の行為について、その差止めを求めるものであるから、差止請求の同一性を判断するに当たっては、まず、財務会計上の行為が同一である

133　最判平成10年12月18日判時1663号87頁
134　名古屋平成13年10月5日判タ1099号175頁

かどうかが検討されなければならない」としています[135]。一方、「両事件の訴えの同一性の有無を判断すると、このような場合には、単に請求の趣旨が同一であるか否かではなく、請求の対象となる行為が実質的に同一であるか否かによって決せられる」とする裁判例もあります[136]。

このように別訴が禁止されているため、ある住民が住民訴訟を提起している際に、他の住民が同一内容について適法に監査請求を経た場合には、地方自治法242条の2第2項の出訴期間内に民事訴訟法52条に規定する共同訴訟人として原告側に参加することになります。判例も「法242条の2第4項は、同条1項の規定による訴訟（以下「住民訴訟」といいます。）が係属しているときは、当該普通地方公共団体の他の住民は、別訴をもって同一の請求をすることができないと規定しているが、右規定は、住民訴訟が係属している場合に、当該住民訴訟の対象と同一の財務会計上の行為又は怠る事実を対象とする適法な監査請求手続を経た他の住民が、同条2項所定の出訴期間内に民訴法75条（現民事訴訟法52条、筆者注）の規定に基づき共同訴訟人として右住民訴訟の原告側に参加することを禁ずるものでは」ないとしています[137]。また、この判決では、共同訴訟人としての出訴期間について「共同訴訟参加申出についての期間は、参加の申出をした住民がした監査請求及びこれに対する監査結果の通知があつた日等を基準として計算すべきである」としています。

(4) 当事者能力

当事者能力とは、訴訟の当事者となることのできる一般的な能力をいいます。地方自治法及び行政事件訴訟法には当事者能力に関する規定がないため、民事訴訟の例によることになります。民事訴訟法によれば、同法に特別の定めがある場合を除き、民法その他の法令に従うとされ（同法28条）、私法上行為能

---

135 千葉地判平成7年2月6日行集46巻2・3号133頁
136 福岡地判平成10年3月31日判時1669号40頁
137 最判昭和63年2月25日民集42巻2号120頁

力を持つ者に当事者能力が認められています。そのため、制限行為能力者については、法定代理によって、住民訴訟を提起することになります。ただし、住民訴訟の参政権的性格を重視して、意思無能力者については、法定代理人の代理により住民訴訟を提起することは認められないと考えられます（碓井光明『要説住民訴訟と自治体財務（改訂版）』（2002年、学陽書房）41頁）。

(5) 訴訟告知

4号請求訴訟が提起された場合には、当該職員又は当該行為若しくは怠る事実の相手方に対して、地方公共団体の執行機関又は職員は、遅滞なく、その訴訟の告知をしなければなりません。これによって、職員や相手方が訴訟に参加する機会を保障します。また、民事訴訟法53条4項及び46条の規定によって、訴訟告知を受けた者は訴訟に参加しなくても参加的効力を有することになります。

参加的効力とは、民事訴訟上、補助参加がなされて被参加人（4号請求訴訟の場合：地方公共団体）が敗訴した場合に、一定の要件の下で補助参加人（同：当該職員等）が受ける、判決の効力のことをいいます。具体的には、補助参加人は、訴訟の当事者ではなく判決の効力を受けるわけではありませんが、補助参加人として十分に主張・立証を尽くすことが出来た事項については、後日被参加人に対し、その判決の内容が不当であると主張することが禁じられるという効力をいいます。訴訟告知についても参加的効力が認められています。

なお、この訴訟告知を行うことによって、4号請求訴訟に係る損害賠償又は不当利得返還の請求権について時効は中断することになります。ただし、訴訟告知の対象となっている4号請求訴訟が終了した日から6か月以内に裁判上の請求、破産手続参加、仮差押若しくは仮処分又は地方自治法231条に規定する納入の通知をしなければ時効中断の効力を生じないこととされています（地方自治法242条の2第8項、第9項）。

第2章　住民訴訟

[図表2-17]　4号請求訴訟と訴訟告知

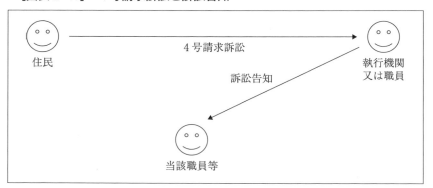

(6)　訴訟参加

　訴訟参加とは、当事者以外の利害関係のある第三者が係属中の他人間の訴訟に参加することをいいます。住民訴訟においては、行政事件訴訟法22条に基づく第三者の訴訟参加、民事訴訟法47条に基づく独立当事者参加、民事訴訟法52条に基づく共同訴訟参加、民事訴訟法42条に基づく補助参加によることができます。

　行政事件訴訟法に基づく行政庁の訴訟参加については、改正前の4号請求が、被告は地方公共団体の長等の個人とされていたため当該地方公共団体が補助参加する場合がありましたが、改正後は原則として補助参加を認める必要がなくなっています。ただし、被告となった地方公共団体以外の地方公共団体や行政機関が訴訟に参加する必要がある場合には、当事者の申立て又は裁判所の職権で行政事件訴訟法23条の規定に基づき訴訟参加することになります。

　なお、行政事件訴訟法22条が規定する第三者の訴訟参加は、主として「第三者の利益保護」を目的としています。そのため、訴訟参加が認められるのは「訴訟の結果により権利を害される第三者」に限定されます。

　第三者の訴訟参加を申立てすることができるのは、「当事者」及び「権利を害される第三者」で、第三者の訴訟参加の許可は、裁判所が「決定」をもって

行います。裁判所が訴訟参加に関する決定をするには、あらかじめ、当事者及び第三者の意見を聞かなければなりません。この場合の第三者について民事訴訟法68条が準用されます（行政事件訴訟法22条5項）。なお、住民訴訟に関してこの訴訟参加が認められるのは、2号請求に限られます[138]。

　民事訴訟法42条に基づく補助参加とは、他人間の訴訟の結果について利害関係を有する第三者が、当事者の一方を勝訴させることによって自己の利益を守るために訴訟に参加することをいいます。補助参加人は、自らの利益を守るために自らの名と費用において訴訟を追行しますが、訴訟の当事者になるわけではありません。この点で独立当事者参加（同法47条）や共同訴訟参加人（同法52条）と異なります。あくまで参加人であるため、訴の取下げ、変更をすることができないなどの制約があります。

　なお、既に継続中の訴訟に住民が補助参加する場合に、その住民自らが住民監査請求を行っている必要があるかという点については、地方自治法が監査請求前置主義を取っていることから、その住民自らが住民監査請求を行っている場合に限って補助参加を認めるべきだと考えられます[139]。

[図表2-18]　行政事件訴訟法22条と民事訴訟法42条の補助参加の違い

	行政事件訴訟法22条	民事訴訟法42条
参加要件	訴訟の結果により権利を害される第三者	訴訟の結果について利害関係[140]を有する第三者

138　東京高決昭和49年7月11日行集25巻11号1391頁
139　三好達「住民訴訟の諸問題」鈴木忠一・三ケ月章監修『新・実務民事訴訟講座(9) 行政訴訟(1)』（1983年、日本評論社）322頁
140　利害関係とは、当該訴訟の判決が参加人の私法上又は公法上の法的地位又は法的利益に影響を及ぼすおそれがある場合をいうとされています（和歌山地決平成15年9月30日判自263号72頁）

第 2 章　住民訴訟

可否の決定	裁判所の決定が必要	当事者が異議を述べない限り裁判所の決定は不要
参加する側	通常は被告側への参加である。	被告側、原告側いずれの側への参加も認められている。

　民事訴訟法47条に基づく独立当事者参加は、訴訟の結果によって権利が害されることを主張する第三者、あるいは訴訟の目的が自己の権利であることを主張する第三者が当事者としてその訴訟に参加することをいいます。民事訴訟法52条に基づく共同訴訟参加は、訴訟継続中に第三者が原告または被告の共同訴訟人として参加することをいいます。
　民事訴訟法52条の規定により、訴訟の目的が当事者の一方及び第三者について合一にのみ確定すべき場合に参加が許されます。なお、行政事件訴訟法7条の規定により、民事訴訟法の規定が適用されることから認められるものです。住民訴訟の係属中に他の住民が住民訴訟を提起することはできず（別訴の禁止）、また訴訟の結果により権利を害される第三者でもないため、共同訴訟参加を行うことになります。

(7)　被告の変更

　原告である住民が被告を誤った場合に、訴訟提起後に被告の変更を求めることは、任意的当時者変更の問題と処理されます。この変更を求めるためには、変更後の被告に関して訴えの提起の要件を満たすこと、変更前の被告に関して訴取り下げの要件を満たすことなどが求められます。
　改正前の4号請求は、「当該職員」個人を被告とすることとされていたため、「当該職員」に該当しない者を誤って被告とした場合、あるいは誤って個人を被告とせず機関を被告とした場合には、被告の変更が許されていました[141]。しかし、改正後の4号請求において被告適格を有するのは原則として

141　最判平成11年4月22日民集53巻4号759頁、最判昭和58年7月15日民集37巻6号869頁

執行機関又は権限を有する職員に変更されたことから、被告の変更が必要になる場合は少ないと考えられます。

なお、2号請求訴訟については、取消訴訟に関する規定が準用され、原告が故意又は重大な過失によらないで被告とすべき者を誤ったときは、裁判所は、原告の申立てにより、決定をもって、被告を変更することを許すことができます（行政事件訴訟法43条、15条）。

(8) 訴えの変更
① 概要と変更の類型

同一原告が訴訟係属中に同一被告との関係で新たな請求を審判対象とすることを訴えの変更といいます（民事訴訟法143条）。訴えの変更には、追加的変更と交換的変更とがあります。追加的変更とは元の請求を維持しつつ、新たな請求を加える場合をいい、交換的変更とは元の請求と交換して新たな請求を提起する場合をいいます。

住民訴訟では、次のような変更が考えられます。

a　各号請求の間で請求を変更する場合

1号請求として予算の執行の差止めを求めていたが、訴訟係属中に予算が執行されたため、4号請求として損害賠償を求めるような場合です。横浜地判平成23年10月5日[142]は、負担金の支出差止請求（1号請求）を、損害賠償請求を求める請求（4号請求）の変更申立てについて、「財務会計上の行為に係る「事実」の同一性がある」として訴えの変更を認めています。

b　各号の請求内で請求の形を変更する場合

条例に基づかずに給与等の支給を受けたとして職員に不当利得の返還の義務付けを求める訴訟を、地方公共団体の長が違法に給与等を支出したとして損害賠償請求を義務付ける訴訟に変更するような場合です。

c　同様の請求において対象となる財務会計上の行為を変更する場合

142　判タ1378号100頁

A契約に関して提起した4号請求をB契約に関する4号請求に変更するような場合です。

② 変更の可否

民事訴訟法では、訴えの変更について次の要件が規定されています。住民訴訟についても民事訴訟の例によることとされているため、同様に次の要件（民事訴訟法143条1項本文）を満した場合に変更が認められます。

a 請求の基礎に変更がないこと

この要件については、「新旧両請求の利益関係が社会生活上共通していること」と「従前の裁判資料が新請求の裁判に利用できること」が必要とされています。

b 著しく訴訟手続を遅滞させないこと

c 事実審の口頭弁論終結前であること

なお、住民訴訟においては、監査請求前置主義がとられているため、新たな請求について監査請求を経ているかが問題となる場合があります。この点は、前述の「監査請求と住民訴訟の対象の同一性」の問題として処理することになります（68頁参照）。新たな請求について同一性が認められる場合には監査請求を経ているものということになりますが、同一性が認められない場合には監査請求を経ていない不適法なものとして訴えの変更は認められません。

(9) 訴訟の承継

訴訟はその開始から終了までにある程度の期間を要するため、その間に当事者が死亡するなど訴訟の承継等の必要が生ずることがあります。訴訟の承継とは、このような場合に、従来の当事者とは別の者（承継人）が、従来の当事者が行った訴訟活動の結果を引き継ぐ形で当事者の地位につくことをいいます。住民訴訟では、原告である住民が死亡した場合に問題となります。

住民訴訟は、地方自治法及び行政事件訴訟法に規定がない限り民事訴訟の例によることとされています。しかし、住民訴訟は民事訴訟と異なり、個人の権利、利益とは関係なく、住民全体の利益を保障するために地方財務行政の適正

化を確保するために設けられた制度です。

　そのため、住民訴訟を提起する権限は、地方自治法によって特別に認められた公法上の権利であり、一身専属的なものであると考えられます。判例においても「原告が死亡した場合においては、その訴訟を承継するに由なく、当然に終了するものと解すべきである」とされています[143]。

　なお、被告である執行機関又は職員については、その職にある者が交代したとしても、その職として被告となっているため、訴訟の承継の問題は生じません。

(10) 住民訴訟と和解

　和解とは、当事者間に存在する民事上の法律関係の争いについて、当事者が互いに譲歩し、争いを止める合意をすることをいいます。裁判外の和解と裁判上の和解があります。裁判外の和解は、契約の一種として規定されています（民法695条）。これに対して裁判上の和解とは、裁判所が関与する和解のことをいいます。裁判上の和解は、さらに訴え提起前の和解（即決和解、民事訴訟法275条）と訴訟上の和解に分かれます。裁判上の和解が成立した場合は、和解の内容が和解調書に記載され、その記載内容は確定判決と同一の効力を有することになります（民事訴訟法267条）。

　住民訴訟の原告は、「住民全体の利益のために、いわば公益の代表者として地方財務行政の適正化を主張するもの」（前述（最判昭和53年3月30日））とされていることから、住民訴訟において和解を行うことができるかが問題となります。

　長崎地判昭和36年2月3日[144]は、「行政事件訴訟特例法（現在の行政事件訴訟法の前法。筆者注）第1条によれば、いわゆる行政訴訟については、同法によるの外、民事訴訟法の定めるところによるとされているところ、右特例法には、

143　最判昭和55年2月22日裁判集民129号209頁
144　行集12巻12号2505頁

和解につきなんらの規定も存しないのであるから、行政訴訟においても、当事者が訴訟物およびこれに関連する公法上の法律関係を処分し得る権能を有する限り、裁判上の和解をすることが可能であると解するを相当とすべく、特に行政庁の右処分権能については、すくなくとも自由裁量が認められる範囲内の事項に属する限り、これを肯定すべきである」として、裁量権の範囲内で和解を認めています。ただし、改正後の4号請求については「執行機関等」に対して損害賠償・不当利得返還請求または賠償命令をすることを求める訴訟であるため、それを請求・命令の義務の遂行を担うべき立場にない「当該職員・相手方」が認諾したり、取下げ、和解等をすることは論理的にはあり得ないとされています。

住民訴訟における実務上は、正式の和解調書を作成せず、裁判所のあっせんにより、請求を放棄する代わりに、違法行為に対する是正措置を講じる等によって訴訟を終結する場合が多くあります。裁判外の和解ということができます。

(11) 請求の放棄、訴えの取下げなど

4号請求訴訟を提起している住民が請求を放棄することが可能かについては、住民訴訟が公益の代表としてなされるものであり、原告である住民は請求権を処分する権限を有さないことから、請求を放棄することはできないと解されます。なお、最高裁も同様に請求を放棄することはできないとしています[145]。

原告である住民の側からの訴えの取下げを行うことについては、民事訴訟法261条の規定に基づいて、判決の確定までは可能です。ただし、相手方が本案について準備書面を提出し、弁論準備手続において申述をし、又は口頭弁論をした後にあっては、相手方の同意を得なければ、取下げを行うことはできません（同条2項）。

145　最判平成17年10月28日民集59巻8号2296頁

6 訴訟費用

(1) 訴訟費用の敗訴者負担

　訴訟費用は、民事訴訟法61条に規定によって、敗訴の当事者の負担とされており、住民訴訟においても同様です。訴訟費用には、訴状やその他の申立書に収入印紙を貼付して支払われる手数料のほか、書類を送るための郵便料及び証人の旅費日当等があります。ここでいう訴訟費用は、訴訟を追行するのに必要なすべての費用を含むわけではなく、例えば、弁護士費用は訴訟費用に含まれません。

(2) 訴訟を提起する場合の貼付印紙

　訴訟を提起する場合には、訴訟の目的の価額に応じて法律で定められた金額の収入印紙を訴状に貼付しなければなりません。目的の価額について最高裁は、住民訴訟における「住民全体の受けるべき利益は、その性質上、勝訴判決によつて地方公共団体が直接受ける利益すなわち請求に係る賠償額と同一ではありえず、他にその価額を算定する客観的、合理的基準を見出すことも極めて困難であるから」、民事訴訟費用等に関する法律4条2項の「訴訟の目的の価額を算定することが極めて困難なもの」に準じて算定すべきだとしています[146]。なお、この法律に基づく現在の住民訴訟に係る印紙の金額は、1万3千円になります。

(3) 原告住民勝訴の場合の弁護士費用の負担

　原告である住民が訴訟に勝訴し、又は一部勝訴した場合で、弁護士に報酬を支払うべきときは、原告住民は、弁護士報酬額の範囲内で相当と認められる額を地方公共団体に請求することができることとされています（地方自治法242条の2第12項）。

146　最判昭和53年3月30日民集32巻2号485頁

第 2 章　住民訴訟

　このように勝訴した原告住民に地方公共団体に対する弁護士報酬支払請求権を認めたのは、勝訴したときは地方公共団体が損害賠償等の利益を受けることになるので、支出した弁護士報酬額のうち相当と認められる額を地方公共団体から住民に支払わせることとすることが衡平の理念に合致することを理由とするものです。そのため、第一審や控訴審で勝訴するだけでなく勝訴判決が確定したときに請求できるものとされています[147]。

　なお、町長等に損害賠償を請求する住民訴訟の第 1 審係属中に、被告の 1 人が損害額を町に支払ったため原告住民が訴訟を取り下げた事案に関して、弁護士報酬の請求の可否が問題となった訴訟があります。

　この訴訟の判決では「普通地方公共団体に対して弁護士報酬相当額の支払を請求するには、その者が当該訴訟につきその完結する時において勝訴（一部勝訴を含む）したということができることを要するものと解するのが相当である。そうすると、訴訟は、訴えの取下げがあった部分については、初めから係属していなかったものとみなされる（民事訴訟法262条 1 項）のであるから、地方自治法242条の 2 第 1 項 4 号の規定による訴訟が提起されたことを契機として普通地方公共団体が当該訴訟に係る損害について補てんを受けた場合であっても、その訴えが取り下げられたことにより当該訴訟が終了したときは、同条 7 項にいう「第 1 項第 4 号の規定による訴訟を提起した者が勝訴（一部勝訴を含む）した場合」には当たらないと解するのが相当である」として、弁護士報酬相当額の支払を認めませんでした[148]。

　また、住民訴訟提起後に訴訟上の和解をした場合に弁護士報酬相当額の請求が可能かについて争われた裁判例[149]において、「訴訟を提起した者の訴訟活動によって、指摘された財務会計上の行為の違法性あるいはそれを基礎付ける事実関係がその審理の過程において明らかになり、被告とされた者がやむを得ず

147　岐阜地判昭和59年12月 6 日判時1154号83頁
148　最判平成17年 4 月26日裁判集民216号617頁
149　大阪地判平成11年 9 月14日判時1715号47頁

に請求された金員を返済したり、又は、被告とされた者が財務会計上の行為の違法性あるいはそれを基礎付ける事実関係がその審理の過程において明らかにな（略）ることを回避するために請求された金員を返済したときは、これらの関係が明らかになる限度において」弁護士報酬相当額を支払うべきときに当たると判断しています。

さらに、4号請求訴訟を提起された者が請求の認諾した場合に弁護士報酬相当額の請求が可能かについて争われた判例では、「地方自治法242条の2第7項にいう「勝訴（一部勝訴を含む）した場合」には、同条1項4号の規定による訴訟を提起された者が請求の認諾をし、それが調書に記載された場合も含まれると解するのが相当である[150]」として弁護士報酬相当額を支払うべきだとしています。

弁護士報酬相当額として請求が認められる金額について、最高裁は、地方自治法242条の2第12項にいう「相当と認められる額」とは、4号請求訴訟において「住民から訴訟委任を受けた弁護士が当該訴訟のために行った活動の対価として必要かつ十分な程度として社会通念上適正妥当と認められる額をいい、その具体的な額は、当該訴訟における事案の難易、弁護士が要した労力の程度及び時間、認容された額、判決の結果普通地方公共団体が回収した額、住民訴訟の性格その他諸般の事情を総合的に勘案して定められるべきものである[151]」としています。

また、国の補助事業における入札談合によって地方公共団体の被った損害の賠償を求める4号請求訴訟において住民が勝訴した場合の「相当と認められる額」は、現に回収された額とすべきであり、現に回収された額からその回収に伴い国に返還されることとなる国庫補助金相当額を控除した額とすべきではないとした判例[152]もあります。

150　最判平成10年6月16日裁判集民188号675頁
151　最判平成21年4月23日民集63巻4号703頁
152　最判平成23年9月8日裁判集民237号311頁

7 住民訴訟と民事保全法

　住民訴訟に関して民事保全法の規定が適用されるかについては従来から議論されていて、同法に基づく仮処分を認めた例もあります[153]。しかし、2002年（平成14年）の地方自治法の改正で、住民訴訟にかかる違法な行為又は怠る事実については、民事保全法に規定する仮処分をすることができないとされました（地方自治法242条の2第10項）。

　この改正の趣旨は、住民訴訟は、行政の違法な行為の是正を目的とする客観訴訟として法律により特別に創設された制度であり、個人の権利利益の保護を目的とする民事訴訟とは性質が異なるために、私権の確保を目的とする民事保全法の規定を適用することは適当ではないというものです。ただし、この改正に関しては、仮の権利救済制度が整備されていないとして客観訴訟に適合した救済制度を整備することが検討課題になるなどの指摘がされています[154]。

8 判決の効力

(1) 既判力

　判決が確定することによって、既判力が生じます。既判力とは、訴訟上の請求対象である権利関係に関する判断につき、当事者は後の裁判で別途争うことができず、別の裁判所も前の裁判の判断内容に拘束されるという効力のことです。住民訴訟においても、行政事件訴訟法7条及び民事訴訟法114条1項の規定により、既判力が生じることになります。

　なお、住民訴訟の判決の効力について、判例は「訴訟の原告は、自己の個人的利益のためや地方公共団体そのものの利益のためにではなく、専ら原告を含

153　大津地決平成14年12月19日判タ1153号133頁、仙台高決平成2年9月7日判自77号37頁

154　宇賀克也『行政法概説Ⅱ（第5版）』（2015年、有斐閣）400頁、大橋洋一『行政法Ⅱ』（2012年、有斐閣）286頁

む住民全体の利益のために、いわば公益の代表者として地方財務行政の適正化を主張するものであるということができる。住民訴訟の判決の効力が当事者のみにとどまらず全住民に及ぶと解される」として、訴訟当事者となった住民だけではなく、当該地方公共団体の全住民に及ぶとしています[155]。

(2) 形成力

取消訴訟において処分が違法として取り消された場合、その処分は処分の時に遡って消滅することになります。これを取消判決の形成力といいます。取消判決によって、原告住民との関係で処分が効力を失うのは当然ですが、取消判決の効果は原告以外の第三者に対しても及びます（行政事件訴訟法32条1項）。

(3) 拘束力

行政事件訴訟法33条1項の規定により、処分又は裁決を取り消す判決は、その事件について処分又は裁決をした行政庁その他の関係行政庁を拘束することとされています。これを判決の拘束力といいます。住民訴訟に関してもこの規定は準用されていますが、対象となるのは2号請求（行政処分たる当該行為の取消し又は無効確認の請求）のみです。したがって、2号請求訴訟により処分が取り消された場合、当該行政庁その他の関係行政庁はその判決に拘束され判決に基づく手続、処分が義務付けられることになります（行政事件訴訟法33条）。

9 地方公共団体による上訴

地方自治法96条1項12号では、地方公共団体が訴えの提起を行う場合には議会の議決が必要である旨が規定されています。住民によって提起された住民訴訟に関して地方公共団体の側から上訴する場合に、この規定に基づく議会の議決が必要かという点が問題となります。

---

[155] 最判昭和53年3月30日民集32巻2号485頁、最判平成9年4月2日民集51巻4号1673頁

住民訴訟の1号、3号、4号請求訴訟に関しては被告が執行機関又は職員であるために、地方自治法96条1項の規定の適用はなく、議会の議決は必要ないものと解されます。また、2号請求訴訟について判例は、次のように判断しています。「地方自治法96条1項12号は、「普通地方公共団体がその当事者である…訴えの提起」について、その議会の議決を要する事項と定めており、この「訴えの提起」には、控訴若しくは上告の提起又は上告受理の申立てが含まれるものと解される。

その一方で、同号は、この「訴えの提起」のうち、普通地方公共団体の行政庁の処分又は裁決に係る当該普通地方公共団体を被告とする抗告訴訟に係るものについては、取消訴訟の被告適格を定める行政事件訴訟法11条1項の規定が同法38条1項により取消訴訟以外の抗告訴訟に準用される場合を含めて、抗告訴訟の類型の種別を問わず、その議会の議決を要する事項から除外している」ことから、議会の議決は必要ないとされています[156]。

つまり、地方自治法96条1項12号の規定において、行政事件訴訟法11条1項の規定による地方公共団体を被告とする訴訟については、議決事件から除外されているため、2号請求訴訟に対する上訴について議決は必要ないとしているのです。

10　4号訴訟の判決後の手続

地方公共団体の長は、4号請求訴訟によって、損害賠償請求又は不当利得返還請求を義務付ける判決が確定した場合には、当該判決が確定した日から60日以内の日を期限として、損害賠償金又は不当利得の返還金の支払を請求しなければなりません。そして、当該判決が確定した日から60日以内に損害賠償金又は不当利得の返還金が支払われないときは、地方公共団体の長は、当該損害賠償又は不当利得返還の請求を目的とする訴訟を提起しなければなりません。

訴訟の提起については、地方自治法96条1項12号に基づき議会の議決が必要

156　最決平成23年7月27日判自359号70頁

10　4号訴訟の判決後の手続

ですが、この訴訟については、地方公共団体は当初の住民訴訟の判決に従い義務的に行うものであるため、議会の議決は要しないものとされています（地方自治法242条の3第3項）。

なお、地方公共団体の執行機関又は職員に損害賠償又は不当利得返還の請求を命ずる判決が確定した場合において、現職の知事、市町村長に対し当該損害賠償又は不当利得返還の請求を目的とする訴訟を提起するときは、その訴訟については、代表監査委員が地方公共団体を代表することになります（同条5項）。

[図表2-19]　4号請求訴訟判決確定後の手続
1　現職の知事、市町村長の場合

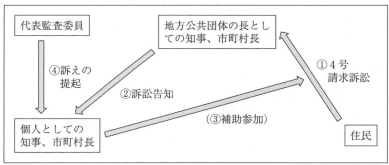

2　職員等（現職の知事、市町村長以外）の場合

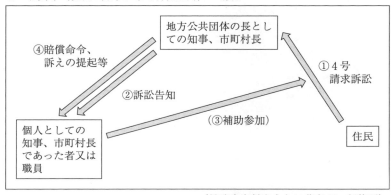

（総務省資料をもとに著者が一部修正）

第2章　住民訴訟

［図表2-20］　4号請求に係る住民監査請求から訴訟への流れ

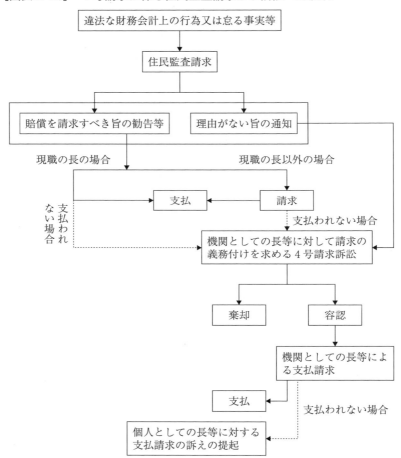

第3章

自治体職員にとって重要な判例・裁判例

第3章　自治体職員にとって重要な判例・裁判例

　住民訴訟は、知事や市町村長あるいは職員が個人として賠償責任を問われることもあり、地方公共団体の行政運営において重要な意味を持っています。そのため、自治体職員としては、住民訴訟に関する判例の結論を理解した上で、訴訟リスクを回避することはとても重要です。ここでは、いくつかの分類ごとに重要判例等を取り上げて解説します（一部再掲含む）。

1　政教分離に関する判例

　日本国憲法は、20条1項後段で「いかなる宗教団体も、国から特権を受け、又は政治上の権力を行使してはならない」とし、同条3項では「国及びその機関は、宗教教育その他いかなる宗教的活動もしてはならない」と定めています。さらに89条で「公金その他の公の財産は、宗教上の組織若しくは団体の使用、便益若しくは維持のため、（略）これを支出し、又はその利用に供してはならない」と規定して、いわゆる「政教分離」の原則を定めています。

　地方公共団体が政教分離原則に違反したとして住民が争うための手法として住民訴訟が利用される場合があり、実際の政教分離について争われた事案の多くが住民訴訟によっています。そのために、自治体職員としては、政教分離に関する住民訴訟において裁判所がどのような判断を行っているかを理解しておくことはとても重要です。

① 　**津地鎮祭違憲訴訟大法廷判決**（最判昭和52年7月13日民集31巻4号533頁）
・事案：津市体育館の起工式が津市の主催により宗教法人大市神社の宮司ら4名の神職主宰のもとに神式に則り挙行されその挙式費用金7,663円（神職に対する報償費金4,000円、供物料金3,663円）を市の公金から支出したことについて、住民が市を代位して地方自治法242条の2第1項4号（平成14年改正前）に基づき、市長個人に対して損害賠償の請求を行った住民訴訟です。
・判決：「憲法20条3項は、「国及びその機関は、宗教教育その他いかなる宗教的活動もしてはならない。」と規定するが、ここにいう宗教的活動とは、前

述の政教分離原則の意義に照らしてこれをみれば、およそ国及びその機関の活動で宗教とのかかわり合いをもつすべての行為を指すものではなく、そのかかわり合いが右にいう相当とされる限度を超えるものに限られるというべきであつて、当該行為の目的が宗教的意義をもち、その効果が宗教に対する援助、助長、促進又は圧迫、干渉等になるような行為をいうものと解すべきである」「この点から、ある行為が右にいう宗教的活動に該当するかどうかを検討するにあたつては、当該行為の主宰者が宗教家であるかどうか、その順序作法（式次第）が宗教の定める方式に則つたものであるかどうかなど、当該行為の外形的側面のみにとらわれることなく、当該行為の行われる場所、当該行為に対する一般人の宗教的評価、当該行為者が当該行為を行うについての意図、目的及び宗教的意識の有無、程度、当該行為の一般人に与える効果、影響等、諸般の事情を考慮し、社会通念に従つて、客観的に判断しなければならない」という一般的な基準（目的効果基準）を示しました。

その上で本件については「建築主が一般の慣習に従い起工式を行うのは、工事の円滑な進行をはかるため工事関係者の要請に応じ建築着工に際しての慣習化した社会的儀礼を行うという極めて世俗的な目的によるものである」として津市が行った行為は政教分離に反しないという判断を行いました。

② **愛媛玉串料訴訟上告審判決**（最判平成9年4月2日民集51巻4号1673頁）
・事案：愛媛県が玉串料等を靖国神社又は護国神社に奉納したことは、憲法20条3項、89条等に照らして許されない違法な財務会計上の行為に当たるとして、県に代位して、知事等に対して個人として損害賠償を行うことを求めた住民訴訟です。
・判決：「一般に、神社自体がその境内において挙行する恒例の重要な祭祀に際して右のような玉串料等を奉納することは、建築主が主催して建築現場において土地の平安堅固、工事の無事安全等を祈願するために行う儀式である起工式の場合とは異なり、時代の推移によって既にその宗教的意義が希薄化し、慣習化した社会的儀礼にすぎないものになっているとまでは到底いうこ

とができず、一般人が本件の玉串料等の奉納を社会的儀礼の一つにすぎないと評価しているとは考え難いところである」

このように「地方公共団体が特定の宗教団体に対してのみ本件のような形で特別のかかわり合いを持つことは、一般人に対して、県が当該特定の宗教団体を特別に支援しており、それらの宗教団体が他の宗教団体とは異なる特別のものであるとの印象を与え、特定の宗教への関心を呼び起こすものといわざるを得ない」

そのため、「県が本件玉串料等を靖國神社又は護國神社に前記のとおり奉納したことは、その目的が宗教的意義を持つことを免れず、その効果が特定の宗教に対する援助、助長、促進になると認めるべきであり、これによってもたらされる県と靖國神社等とのかかわり合いが我が国の社会的・文化的諸条件に照らし相当とされる限度を超えるものであって、憲法20条3項の禁止する宗教的活動に当たると解するのが相当である。そうすると、本件支出は、同項の禁止する宗教的活動を行うためにしたものとして、違法というべきである」として、玉串料等を奉納したことは違法な財務会計上の行為に当たると判断しました。

③ **砂川事件**（最判平成22年1月20日判時2070号21頁）
・事案：北海道砂川市が、その所有する土地上に神社の建物等を設置することを許し、土地を同神社の敷地として無償で使用させるなどしていることは、政教分離原則に違反する行為であり、当該使用貸借契約を解除し、この神社建物等の撤去を請求しないことは、違法に財産の管理を怠るものであるとして、砂川市の住民である原告らが砂川市長に対し、怠る事実の違法確認を求めた事案です。
・判決：「国又は地方公共団体が国公有地を無償で宗教的施設の敷地としての用に供する行為は、一般的には、当該宗教的施設を設置する宗教団体等に対する便宜の供与として、憲法89条との抵触が問題となる行為であるといわなければならない。もっとも、国公有地が無償で宗教的施設の敷地としての用

に供されているといっても、当該施設の性格や来歴、無償提供に至る経緯、利用の態様等には様々なものがあり得ることが容易に想定されるところである。例えば、一般的には宗教的施設としての性格を有する施設であっても、同時に歴史的、文化財的な建造物として保護の対象となるものであったり、観光資源、国際親善、地域の親睦の場などといった他の意義を有していたりすることも少なくなく、それらの文化的あるいは社会的な価値や意義に着目して当該施設が国公有地に設置されている場合もあり得よう。そうすると、国公有地が無償で宗教的施設の敷地としての用に供されている状態が、前記の見地から、信教の自由の保障の確保という制度の根本目的との関係で相当とされる限度を超えて憲法89条に違反するか否かを判断するに当たっては、当該宗教的施設の性格、当該土地が無償で当該施設の敷地としての用に供されるに至った経緯、当該無償提供の態様、これらに対する一般人の評価等、諸般の事情を考慮し、社会通念に照らして総合的に判断すべきものと解するのが相当である」とした上で、怠る事実を違法とした判断については原審に差し戻すこととされました。

 ポイント

　自治体職員にとって、政教分離はとても重要な原則です。そのため、津地鎮祭違憲訴訟大法廷判決で示されている目的効果基準を十分に理解した上で、この基準が愛媛玉串料訴訟上告審判決等で具体的にどのように適用されているかを学ぶことは大切なことです。

　なお、目的効果基準とは、津地鎮祭違憲訴訟大法廷判決で示されたように、その行為の目的及び効果にかんがみ、その関わり合いが相当とされる限度を超えるものと認められる場合にのみ、政教分離原則に反し許されないとする基準です。

第3章　自治体職員にとって重要な判例・裁判例

2　契約に関する判例

① **村有地競争入札売却事件**（最判平成6年12月22日民集48巻8号1769頁）
- 事案：沖縄県豊見城村（現在の「豊見城市」）が村所有の土地をゴルフ場として一般競争入札方法により売却する際、あらかじめ入札最高限度価格を設定し、その価格を超えた入札者の入札を無効として落札者を決定しました。これに対して、村民が元村長に対し最高入札額と実際の売買額との差額の支払いを求めた訴訟です。
- 判決：「地方自治法は、普通地方公共団体が行う契約の締結については、原則として、一般競争入札によるべきこととしている（同法234条2項）。」「同法は、競争入札の方法について、契約の目的に応じ、予定価格の制限の範囲内で最高又は最低の価格をもって申込みをした者を契約の相手方とするものとする（同条3項）と規定している」ため、「競争入札の方法としては、普通地方公共団体の収入の原因となる契約については、最低制限価格を定めてそれ以上の範囲内で最高の価格をもって申込みをした者を契約の相手方とし、普通地方公共団体の支出の原因となる契約については、最高制限価格を定めてそれ以下の範囲内で最低の価格をもって申込みをした者を契約の相手方とすることを定めたもの」である。

　そのため、「普通地方公共団体が、収入の原因となる契約を締結するため一般競争入札を行う場合、最低制限価格のほか最高制限価格をも設定し、最低制限価格以上最高制限価格以下の範囲の価格をもって申込みをした者のうち最高の価格の申込者を落札者とする方法を採ることは許され」ないとして、最高制限価格設定による売買は違法であるとしました。

② **町有地随意契約売却事件**（最判昭和62年5月19日民集41巻4号687頁）
- 事案：大阪市阪南町（現在の「阪南市」）が町有地を同町の監査委員であった者らに随意契約の方法で売り渡したため、町民が本件売買における価格は不当に廉価であり、また公有財産に関する事務に従事する職員が公有財産の譲

受けなどを禁止した地方自治法238条の３の規定に違反するとして、町長に対して売買による所有権移転登記の抹消登記手続及び未履行の所有権移転登記手続の差止めを求めた訴訟です。
・判決：地方自治法及び同施行令の規定に該当しないのに随意契約の方法により締結された契約は違法というべきことが明らかである。しかし、「随意契約の制限に関する法令に違反して締結された契約の私法上の効力については別途考察する必要があり、かかる違法な契約であっても私法上当然に無効になるものではなく、随意契約によることができる場合として前記令の規定の掲げる事由のいずれにも当たらないことが何人の目にも明らかである場合や契約の相手方において随意契約の方法による当該契約の締結が許されないことを知り又は知り得べかりし場合のように当該契約の効力を無効としなければ随意契約の締結に制限を加える前記法及び令の規定の趣旨を没却する結果となる特段の事情が認められる場合に限り、私法上無効になる」とした上で、本件売買契約は私法上当然に無効であるということはできないとしました。

③ **農業集落排水工事随意契約事件**（最判平成16年６月１日判時1873号118頁）
・事案：秋田県合川町（現在の「北秋田市」）が農業集落排水工事を単一の請負契約として締結し、実施しました。しかし、本件工事は、議会の議決を要するものであったにもかかわらず、町長が違法にも本件工事を議会の議決を要しない３つの工区に分割してそれぞれ請負契約を締結し、町に単一の契約によった場合の請負代金額との差額相当額の損害を与えたとして、地方自治法242条の２第１項４号に基づき損害賠償請求した住民訴訟です。
・判決：「地方自治法96条１項５号は、「その種類及び金額について政令で定める基準に従い条例で定める契約を締結すること」については、長ではなく、議会の議決によるものとしている。その趣旨は、政令等で定める種類及び金額の契約を締結することは普通地方公共団体にとって重要な経済行為に当たるものであるから、これに関しては住民の利益を保障するとともに、これら

の事務の処理が住民の代表の意思に基づいて適正に行われることを期することにあるものと解される。そうすると、長による公共事業に係る工事の実施方法等の決定が当該工事に係る請負契約の締結につき同号を潜脱する目的でされたものと認められる場合には、当該長の決定は違法である」としました。

ただし、本件については、「本件工事が複数の工区に分割して契約するのに適したものかどうか、町が国等に対して本件工事に係る補助金の繰越し等についてどのような折衝をしたか、工区の分割によりどの程度工期が短縮されるかなど、上記諸事情の基礎となる事実関係について具体的な認定を伴わないものがあり、原審が上記の観点から検討を尽くしているものとはいい難い」として、原審に差し戻しました。

④ **賃借料返還等請求事件**（最判平成23年12月2日裁判集民238号237頁）
- 事案：三重県いなべ市が賃借人として締結した賃貸借契約は工場用地の開発に協力した住民に対して賃料の名目で協力金を支払うことを目的とするものであって違法、無効であるから、この契約に基づく賃料としての公金の支出も違法であると主張して、市長に対して、地方自治法242条の2第1項1号に基づき、この契約に基づく賃料としての公金の支出の差止めを求めるとともに、同項4号に基づき支出命令を行った市長個人に対して損害賠償請求をすることを求めた住民訴訟です。
- 判決：「本件賃貸借契約を締結した市の判断に裁量権の範囲の著しい逸脱又はその濫用があり、かつ、これを無効としなければ地方自治法2条14項、地方財政法4条1項の趣旨を没却する結果となる特段の事情が認められるという場合には、本件賃貸借契約は私法上無効になり、上告人は、これに基づく賃料としての公金の支出をしてはならないという財務会計法規上の義務を負うことになるものというべきである（最高裁平成17年（行ヒ）第304号同20年1月18日第二小法廷判決・民集62巻1号1頁参照）。」

「本件賃貸借契約の締結は本件開発事業の実施や本件土地の環境保全のた

めに必要不可欠であったとの趣旨をいうところ、本件開発事業によって得られる税収入や雇用の増加といったいわゆる開発利益を実現したり、本件開発事業によって影響を受ける自然環境を保全したりするためにどの程度の公費を支出するか、これらの相対立する利益をいかに調整するかといった事柄に関する判断に当たっては、住民の福祉の増進を図ることを基本として地域における行政を自主的かつ総合的に実施する役割を広く担う地方公共団体（地方自治法1条の2第1項）である市に、政策的ないし技術的な見地からの裁量が認められるものというべきである。したがって、本件賃貸借契約を締結した市の判断については、それがこれらの見地から上記のような事柄に係る諸般の事情を総合的に勘案した裁量権の行使として合理性を有するか否かを検討するのが相当である」

「本件土地の現状を残存緑地として維持し保全するために門前区との間で本件賃貸借契約を締結した市の判断には、相応の合理性があるというべきであり、裁量権の範囲の著しい逸脱又はその濫用があるということはできず、本件賃貸借契約が私法上無効になるものとはいえない」としました。

3　地方財政法に関する判例

　地方財政法は、地方公共団体の財政の運営、国の財政と地方財政との関係等に関する基本原則を定めている重要な法律です。都道府県と市町村との間における財政負担等に関して住民訴訟が提起されたものがあります。

① 　ミニパトカー寄付事件（最判平成8年4月26日裁判集民179号51頁）
・事案：栃木県小川町がミニパトカーを購入の上、地区安全協会に寄付し、同ミニパトカーが同協会を通じて県警に寄付されたことについて、住民が、地方財政法28条の2、地方財政再建促進特別措置法24条2項、警察法37条によれば、国と地方公共団体あるいは地方公共団体間において、間接的な負担転嫁が禁止されていることはもちろん、自発的な任意寄付も禁止されているのであるから、同町の行為は違法であるとして、町長個人に対して、同町にミ

ニパトカーの購入代金及び諸手続の費用相当額の損害金を支払うことを求めた事案です。
・判決:「小川町が馬頭地区交通安全協会を経由して栃木県に対してした本件ミニパトカーの寄附は、法令の規定に基づき経費の負担区分が定められている事務について地方公共団体相互の間における経費の負担区分を乱すことに当たり、地方財政法28条の2に違反するものであって、そのためにされた本件ミニパトカーの購入及び購入代金の支出も違法なものといわざるを得ない。」として、町長個人の賠償責任を認めました。

② **昆虫の森負担区分事件控訴審判決**(東京高判平成17年2月9日判時1981号3頁、最決平成19年5月23日にて上告を不受理)
・事案:群馬県新里村(現在の「桐生市」)が群馬県に対して、ぐんま昆虫の森整備事業に関して金員を支出したことは違法であると主張して、村に代位して、村長個人に対し、損害賠償(4号請求)を求めるとともに、この事業に関する金員の支出の差止め(1号請求)を求めた住民訴訟です。
・判決:「地方財政法28条の2は、任意の寄附をすることについても規制の対象とするものと解されるが、「負担区分をみだすようなこと」という評価的要素を有する文言が用いられていることに照らしても、法令の規定と異なる地方公共団体が経費を負担する結果となる行為すべてを一律に禁じるものではなく、法令の規定と異なる地方公共団体が経費を負担する結果となるような行為は、原則として負担区分を乱すものとして禁じるが、実質的にみて地方財政の健全性を害するおそれのないものは例外的に許容していると解するのが相当である」とした上で、本件については、昆虫観察館という事業の内容等から、「地方財政法9条本文に定める経費の負担区分とは異なる経費負担ではあるものの、実質的に見て地方財政の健全性を害するおそれがなく、同法28条の2に違反しない」としました。

4　寄付又は補助に関する判決

> 　ポイント
>
> 　地方財政法28条の2では「地方公共団体は、法令の規定に基づき経費の負担区分が定められている事務について、他の地方公共団体に対し、当該事務の処理に要する経費の負担を転嫁し、その他地方公共団体相互の間における経費の負担区分をみだすようなことをしてはならない」としています。
>
> 　このため、法律で経費の負担区分が定められている事務については、原則として、その法律に反するような財政負担を行うことはできません。たとえば、法律で都道府県が負担する旨が規定されているにもかかわらず、市町村が負担することはこの条項に違反します。
>
> 　なお、実質的にみて地方財政の健全性を害するおそれのないものは、法律で規定されている経費の負担区分とは異なる経費負担であっても例外的に許容されます。ただし、例外的にそのような負担を行うことの合理的な理由は、求められます。

4　寄付又は補助に関する判決

　地方自治法232条の2では「普通地方公共団体は、その公益上必要がある場合においては、寄附又は補助をすることができる」と規定されています。この規定に基づき、地方公共団体では多様な補助金を交付しています。しかし、「公益上必要」であったかという点が、数多くの住民訴訟において争われています。

① 　元議員会補助金交付事件（最判平成18年1月19日裁判集民219号73頁）
・事案：静岡県が静岡県元県議会議員会に対してした補助金の支出は公益上の必要性を欠き違法であるなどと主張して、地方自治法242条の2第1項4号（平成14年改正前）に基づき、県に代位して、県知事の職にあった者等に対

し、損害賠償を求めた事案です。
・判決：「本件各補助金の対象となった事業は、いずれも被上告人元議員会の会員を対象とした内部的な行事等であって、住民の福祉に直接役立つものではなく、その事業それ自体に公益性を認めることはできない。」などとして「地方自治法232条の2の「公益上必要がある場合」に当たるものと認めた県としての判断は裁量権の範囲を逸脱したものであって、本件各補助金の支出は全体として違法というべきである」と補助金の公益性を否定しました。

② **「陣屋の村」補助金交付事件**（最判平成17年10月28日民集59巻8号2296頁）
・事案：大分県挾間町（現在の「由布市」）が挾間町陣屋の村自然活用施設の運営を委託している団体に対して行った補助金の交付が地方自治法232条の2の定める「公益上必要がある場合」の要件を満たさないから、その支出は違法であると主張し、地方自治法242条の2第1項4号（平成14年改正前）に基づき、町に代位して、町長の相続人に対し、この補助金に相当する額の損害賠償を求めていた住民訴訟です。
・判決：「本件条例が陣屋の村を設置することとした目的等に照らせば、仮に振興協会による事務処理に問題があり、そのために陣屋の村の運営収支が赤字になったとしても、直ちに、上記目的や陣屋の村の存在意義が失われ、町がその存続を前提とした施策を執ることが許されなくなるものではないというべきである。そうすると、本件雇用によって赤字が増加したという事情があったからといって、それだけで、陣屋の村を存続させるためにその赤字を補てんするのに必要な補助金を振興協会に交付することを特に不合理な措置ということはできない」として、補助金の交付は公益上必要であったと認め請求を棄却しました。

③ **自治会集会所用地無償譲渡事件**（最判平成23年1月14日判時2106号33頁）
・事案：奈良県斑鳩町の特定の区域内に居住する住民を会員とする自治会が土地を取得して地域集会所を建設するに当たり、町が公有地を自治会に無償で譲渡したことが違法であるとして、町長個人に対して損害賠償の請求をする

・判決:「地方自治法232条の2にいう「寄附又は補助」には、普通地方公共団体の所有する普通財産の譲与（無償譲渡）も含まれる」本件無償譲渡は「自治会が地域住民等の共同の利用に供される地域集会所を建設することを助成するために行われたものであり、その目的には一定の公共性、公益性が認められる」

また、マンションの建設により自治会の会員数の急増をもたらした会社が地域集会所の建設用地を町が購入して参加人自治会に提供するための資金として町に寄附しており、本件土地は実質的には同社から「自治会に対して寄附されたものとみることができるから、本件無償譲渡によって町の財産が実質的に減少したとはいえず、また、町が参加人自治会に対して実質的に本件要綱の定める限度額を超えて補助金を交付したものと評価することもできない」本件無償譲渡は、同条に違反して違法なものであるということはできないとしました。

 ポイント

　地方公共団体は、多くの事業において補助金を交付しています。補助金は地方自治法232条の2において「公益上必要がある場合」に限って交付することができることとされていることを忘れてはなりません。補助金の支出については、最高裁だけでなく下級審においても数多くの事件で争われています。自治体職員として、そのような判例や裁判例を参考にして、公益上必要のない違法な補助金の交付という判断がされることのないようにしなければなりません。

5　職員の給与等に関する判例

① 昼休み窓口業務特殊勤務手当支給事件（最判平成7年4月17日民集49巻4号

1119頁）

・事案：熊本市が、午後零時から午後1時までの時間帯に業務した市の職員に昼窓手当を支出したことにつき、根拠となる法律・条例が存在せず支出が違法であるとして、住民が熊本市に代位し市長個人に対し、不法行為に基づく損害金等の支払を求めた住民訴訟です。

・判決：「特殊勤務手当は、著しく危険、不快、不健康又は困難な勤務その他著しく特殊な勤務であって、給与上特別の考慮を必要とし、かつ、その特殊性を給料で考慮することが適当でないと認められる勤務に従事した職員に対して支給すべき手当であると解されるところ、普通地方公共団体は、その職員に対し、いかなる給与その他の給付も法律又はこれに基づく条例に基づかずには支給することができず（地方自治法204条の2、地方公務員法25条1項）、給料、手当及び旅費の額並びにその支給方法は、条例で定めなければならない（地方自治法204条3項）」

しかし地方公共団体においては、臨時に、著しく危険等の勤務に従事することを職員に命ずることがあるが、この勤務を特殊勤務手当の支給の対象としないことが不合理である場合もある。

そのため「本件条例6条の規定は、このような場合には、特別の考慮を要するものとして、臨時に従事させた勤務について、市長の判断によって、応急的に、同条例別表記載の手当の額に準ずる額を決定して、特殊勤務手当を支給することを可能にしたものと解される」

しかし、「熊本市においては、昼休み窓口業務は、（略）継続的、恒常的に行われており、職員を昼休み窓口業務に臨時に従事させたとみる余地はないし、これに対する本件手当の支給も継続的に行われてきたことが明らかである」「したがって、本件支出は、本件条例6条によって市長に許容された範囲を超えて行われたものであって、条例に基づかない違法な支出である」とされました。

② **臨時職員に対する期末手当支給事件**（最判平成22年9月10日民集64巻6号1515

5 職員の給与等に関する判例

頁）
- 事案：大阪府茨木市が市の臨時的任用職員に対し一時金（期末手当）を支給したことは、地方自治法に違反する違法な公金の支出に当たるとして、その支給当時に市長の職にあった者に対する損害賠償の請求をすることを求める住民訴訟です。
- 判決：「地方自治法は、常勤の職員であると非常勤の職員であるとを問わず、その給与の額及び支給方法を条例で定めなければならないと規定している（同法203条5項、204条3項）。これは、職員の給与の額及び支給方法を議会が制定する条例によって定めることにより、地方公務員の給与に対する民主的統制を図るとともに、地方公務員の給与を条例によって保障する趣旨に出たものと解される」「臨時的任用職員は、緊急の場合又は臨時の職に関する場合などに任用される（地方公務員法22条2項、5項）が、当該職員が従事する職が当該普通地方公共団体の常設的な事務に係るものである場合には、その職に応じた給与の額等又はその上限等の基本的事項が条例において定められるべきである。他方で、当該職員が従事する職が臨時に生じた事務に係るものである場合には、その職に応じた給与の額等についてあらかじめ条例で定め難いことも考えられるが、上記の地方自治法の趣旨によれば、少なくとも、その職に従事すべく任用される職員の給与の額等を定めるに当たって依拠すべき一般的基準等の基本的事項は、可能な限り条例において定められるべきものと解される」とした上で、本件については「手当の額及び支給方法又はそれらに係る基本的事項について条例に定めのないまま行われた本件一時金の支給は、職員の給与の額及び支給方法を条例で定めなければならないとした地方自治法の上記規定に反するものであり、違法というべきである」としました。ただし、市長の責任については「補助職員が専決により財務会計上の違法行為である上記支給をすることを阻止すべき指揮監督上の義務に違反し、故意又は過失によりこれを阻止しなかったとまではいえない」ため賠償責任を負わないとしました。

③ **特別区区長に対する管理職手当支給条例**（最判昭和50年10月2日裁判集民116号163頁）

・事案：東京都北区では、1964年（昭和39年）9月1日から1968年（昭和43年）9月30日までの間、特別調整額（いわゆる管理職手当）を特別職の同区長に対して支給していました。この特別調整額の支給は条例に根拠がなく違法であって、区長はこれにより法律上の原因なくして同額の利益を得たものであるとして、不当利得として返還することを求めた住民訴訟です。

・判決：「管理職手当は、職制上管理又は監督の地位にある職員に対し、その職の特殊性に基づいて支給される手当である」「職員の給与に関する条例で定められる給料表においては、管理又は監督の地位にある職員とそうでない職員とを含めて等級ごとに給料の額が決定される関係上、その給料額だけでは管理又は監督の地位にある職員に対してその職務と責任に応じた適正な給与を必ずしも確保することができないために、給料とは別に右職の特殊性に応じた額を手当として支給することによって、給料を補充し、全体としての給与の調整を図ろうとするのが、右管理職手当の趣旨である」

　しかし、「地方公共団体の長の給与をいかに定めるかについては、それぞれの地方公共団体の実情を無視しえないものがあり、長も管理又は監督の地位にある職員である以上、当該地方公共団体が、給料の額のみでは長の右地位に対する給付として不十分であると判断し、別に管理職手当を支給する旨を条例で定めたとすれば、右手当相当額を給料に含めて支給することとした場合と実質的に異なるところはなく、前記給与体系上の建前もこれを絶対に許さないとするほどの強い要請であるとは解されない」として、区長に対する管理職手当支給の可能性は認めました。

　ただし、北区長等給料条例の準用する東京都有給吏員の例をもってしては、区長に支給する管理職手当の額を確定することはできないことなどから、条例の規定上は、区長に管理職手当を支給することは許されないとしました。

5 職員の給与等に関する判例

④ **滋賀県行政委員会委員報酬事件**（最判平成23年12月15日民集65巻9号3393頁）

・事案：滋賀県特別職の給与等に関する条例の規定のうち、労働委員会等の各委員に月額制の報酬を支給することを認める規定が地方自治法203条の2第2項に反する違法、無効なものであると主張して、知事に対しこの報酬に係る公金の支出の差止めを求めた住民訴訟の上告審です。

なお、第一審は、本件委員について月額報酬制を採る条例の規定は、同法203条の2第2項本文の原則に矛盾抵触して著しく妥当性を欠くものであるとしていました。

地方自治法
第203条の2　普通地方公共団体は、その委員会の委員、非常勤の監査委員その他の委員、自治紛争処理委員、審査会、審議会及び調査会等の委員その他の構成員、専門委員、監査専門委員、投票管理者、開票管理者、選挙長、投票立会人、開票立会人及び選挙立会人その他普通地方公共団体の非常勤の職員（短時間勤務職員を除く。）に対し、報酬を支給しなければならない。
2　前項の職員に対する報酬は、その勤務日数に応じてこれを支給する。ただし、条例で特別の定めをした場合は、この限りでない。

・判決：「普通地方公共団体の委員会の委員を含む非常勤職員について月額報酬制その他の日額報酬制以外の報酬制度を採る条例の規定が法203条の2第2項に違反し違法、無効となるか否かについては、上記のような議会の裁量権の性質に鑑みると、当該非常勤職員の職務の性質、内容、職責や勤務の態様、負担等の諸般の事情を総合考慮して、当該規定の内容が同項の趣旨に照らした合理性の観点から上記裁量権の範囲を超え又はこれを濫用するものであるか否かによって判断すべきものと解するのが相当である」とした上で、

「本件委員について月額報酬制を採りその月額を20万2000円とする旨を定める本件規定は、その内容が法203条の2第2項の趣旨に照らして特に不合理であるとは認められず、県議会の裁量権の範囲を超え又はこれを濫用するものとはいえないから、同項に違反し違法、無効であるということはできない」としました。

第3章　自治体職員にとって重要な判例・裁判例

⑤　**川崎市退職金支払事件**（最判昭和60年9月12日裁判集民145号357頁）
・事案：川崎市が収賄罪に問われた市職員を分限免職処分にし退職手当金を支払ったことが違法な公金の支出に当たるとして、川崎市に代位して市長個人に損害賠償請求を求めた住民訴訟です。
・判決：分限免職処分は本件退職手当の支給の直接の原因をなすものというべきであるから、分限免職処分が違法であれば退職手当の支給も当然に違法となるとした。「収賄事実が地方公務員法29条1項所定の懲戒事由にも該当することは明らかであるが、職員に懲戒事由が存する場合に、懲戒処分を行うかどうか、懲戒処分をするときにいかなる処分を選ぶかは、任命権者の裁量にゆだねられていること（最高裁昭和47年（行ツ）第52号同52年12月20日第三小法廷判決・民集31巻7号1101頁参照）にかんがみれば」収賄事実のみが判明していた段階において懲戒免職処分に付さなかったことが違法であるとまで認めることは困難であるとしました。

⑥　**職員給与支給差止等請求事件**（最判平成16年1月15日民集58巻1号156頁）
・事案：岡山県が、公園の建設、管理運営のためのいわゆる第3セクター方式による株式会社に派遣された岡山県の職員に給与を支給していたことは違法であるとして、当時の県知事及び当該会社に対し損害賠償又は不当利得の返還を求めた住民訴訟です。
・判決：「職務専念義務の免除及び勤務しないことについての承認について明示の要件が定められていない場合であっても、処分権者がこれを全く自由に行うことができるというものではなく、職務専念義務の免除が服務の根本基準を定める地方公務員法30条や職務に専念すべき義務を定める同法35条の趣旨に違反したり、勤務しないことについての承認が給与の根本基準を定める同法24条1項の趣旨に違反する場合には、これらは違法となると解すべきである」
　「本件職務専念義務の免除が本件免除規則2条2号所定の要件を満たすものであるということはできず、本件承認は、地方公務員法24条1項の趣旨に

反する違法なものというべきである。そうすると、本件承認を是正することなく、これを前提にして行われた本件派遣職員に対する給与支出は違法」であるとしました。

ただし、「県は、第1審被告会社との間で本件協定を締結し、これに基づき本件派遣職員に支給すべき給与等を負担したものであるから、第1審被告会社が県に対して不当利得として本件派遣職員の給与相当額を返還すべき義務を負うのは、本件協定が私法上無効である場合に限られるというべきである。地方公務員法24条1項、30条、35条は、職員の服務義務や給与の基準を定めた規定であるにすぎず、これらの規定が地方公共団体と私人との間に締結された契約の効力に直ちに影響を及ぼす強行規定であると解することはできないと判断した上で、次の点も考慮して本件協定が私法上無効であるということはできない」としました。①全国各地の地方公共団体において第3セクター等への職員派遣が行われていた、②地方公務員の派遣に関する法制度は整備されておらず、職務命令や職務専念義務の免除等の方法が採られていた、③職務専念義務の免除による職員派遣の場合には、地方公共団体が派遣職員の給与を支出する例が多かったことなどから、本件協定締結当時、本件協定が公序良俗に違反するものであったということはできず、本件協定が地方公務員法各条の趣旨に反することが第1審被告会社も知り得るほど明白であって、これを無効としなければ各規定の趣旨を没却する結果となる特段の事情があるものということもできない。

6　土地開発公社に関する判例

土地開発公社は、「公有地の拡大の推進に関する法律」に基づき、公有地となるべき土地等の取得及び造成その他の管理等を行わせるため、地方公共団体が設立する法人です。公共事業のために重要な役割を果たして来ましたが、バブル崩壊とそれに伴う地方公共団体財政の逼迫と公共事業縮小の影響により、土地開発公社が先行取得した土地に利用予定のなくなったことなどによって、

多くの不良資産や負債を抱える等の問題が生じました。前述のとおり土地開発公社自体は住民訴訟の対象とはなりませんが、地方公共団体が土地開発公社から土地を取得することに関して、いくつかの住民訴訟が提起されました。

① **宮津市土地開発公社委託契約事件**（最判平成20年1月18日民集62巻1号1頁）
・事案：京都府宮津市が、丹後地区土地開発公社との間で、土地の先行取得の委託契約を締結し、これに基づいて本件公社が取得した同土地の買取りのための売買契約を締結したところ、住民が、同土地は取得する必要のない土地であり、その取得価格も著しく高額であるから、上記委託契約は地方財政法等に違反して締結されたものであって、これに基づいてされた上記売買契約の締結も違法であると主張して、地方自治法242条の2第1項4号（平成14年改正前）に基づき、市に代位して、上記売買契約の締結時に市長の職にあった被上告人に対し、売買契約の代金に相当する額の損害賠償を求めた住民訴訟です。
・判決：「先行取得を行うことを本件公社に委託した市の判断に裁量権の範囲の著しい逸脱又は濫用があり、本件委託契約を無効としなければ地方自治法2条14項、地方財政法4条1項の趣旨を没却する結果となる特段の事情が認められるという場合には、本件委託契約は私法上無効になるのであって」、「本件土地を取得する必要性及びその取得価格の相当性の有無にかかわらず本件委託契約が私法上無効になるものではないとして本件売買契約の締結が違法となることはないとすることはできない。また、先行取得の委託契約が私法上無効ではないものの、これが違法に締結されたものであって、当該普通地方公共団体がその取消権又は解除権を有しているときや、当該委託契約が著しく合理性を欠きそのためその締結に予算執行の適正確保の見地から看過し得ない瑕疵が存し、かつ、客観的にみて当該普通地方公共団体が当該委託契約を解消することができる特殊な事情があるときにも、当該普通地方公共団体の契約締結権者は、これらの事情を考慮することなく、漫然と違法な委託契約に基づく義務の履行として買取りのための売買契約を締結してはな

らないという財務会計法規上の義務を負っていると解すべきであり、契約締結権者がその義務に違反して買取りのための売買契約を締結すれば、その締結は違法なものになるというべきである」とした上で、委託契約が私法上無効であるかどうかを審議させるために高裁に差し戻しました。

 ポイント

　土地開発公社と地方公共団体の間において、この事例のように先行して締結した委託契約とその後に行う売買契約との関係が問題となる可能性はあります。さらに、土地開発公社以外の他の法人と地方公共団体との間における契約でもこのように先行契約と後続契約との関係が問題となることはありえます。そのためにも、先行契約の違法性等が後続契約にどのような影響を与えるかについて、最高裁の基準を理解しておくことは非常に重要です。

7　怠る事実に関する判例

　地方公共団体の機関や職員が法律や条例によって義務付けられている公金の賦課、徴収又は財産の管理を怠ることは住民訴訟の対象とされています。地方公共団体職員が適法に権限を行使するという意味で、なすべき行為が問われる非常に重要な訴訟です。

① **はみ出し自動販売機住民訴訟上告審判決**（最判平成16年4月23日民集58巻4号892頁）
・事案：自動販売機で販売されるたばこ又は清涼飲料水等の商品の製造業者は自動販売機を東京都の管理する都道に権原なくはみ出して設置し、これによって東京都は都道の占用料相当額の損害を被ったとして、地方自治法242条の2第1項4号に基づき、東京都に代位して製造業者に対し損害賠償又は不当利得返還を請求する住民訴訟です。

・判決：製造業者は「各自動販売機を都道にはみ出して設置した日から撤去した日までの間、何らの占有権原なくこれらの自動販売機を設置してはみ出し部分の都道を占有していたのであるから、東京都は、被上告人らに対し、上記各占有に係る占用料相当額の損害賠償請求権又は不当利得返還請求権を取得したものというべきである」として、東京都の損害賠償請求権等を認めました。

さらに、「客観的に存在する債権を理由もなく放置したり免除したりすることは許されず、原則として、地方公共団体の長にその行使又は不行使についての裁量はない」として、債権を放置することなどは許されないとしました。

ただし、「債権金額が少額で、取立てに要する費用に満たないと認められるとき」に該当し、これを履行させることが著しく困難又は不適当であると認めるときは、以後その保全及び取立てをしないことができるものとされている（地方自治法施行令171条の5第3号）」として、本件において損害賠償請求権等を行使しなかったからといって、違法ということはできないとしました。

② **ごみ焼却施設建設工事指名競争入札事件**（最判平成21年4月28日判時2047号113頁）

・事案：尼崎市が発注したごみ焼却施設の建設工事の指名競争入札において、入札参加業者が談合をし、正常な想定落札価格と比較して不当に高い価格で落札し上記工事を受注したため、市が損害を被ったにもかかわらず、市長が入札参加業者に対する不法行為に基づく損害賠償請求権の行使を違法に怠っていると主張して、地方自治法242条の2第1項4号（平成14年改正前）に基づき、市に代位して、怠る事実に係る相手方である被上告人らに対し、損害賠償を求めた住民訴訟です。

・判決：地方公共団体が有する債権の管理について客観的に存在する債権を理由もなく放置したり免除したりすることは許されない」「もっとも、地方公

共団体の長が債権の存在をおよそ認識し得ないような場合にまでその行使を義務付けることはできない上、不法行為に基づく損害賠償請求権は、債権の存否自体が必ずしも明らかではない場合が多いことからすると、その不行使が違法な怠る事実に当たるというためには、少なくとも、客観的に見て不法行為の成立を認定するに足りる証拠資料を地方公共団体の長が入手し、又は入手し得たことを要するものというべきである」として、高裁に差し戻しました。

なお、差戻控訴審判決（大阪高判平成22年7月23日裁判所ウェブサイト）では、市長が当該損害賠償請求権を行使しないことは、債権管理を違法に怠るものであるとして、市長個人の賠償責任を認容しています。

③ **求償権行使懈怠違法確認等請求事件**（最判平成29年9月15日判時2366号3頁）
・事案：大分県の住民が、大分県知事を相手に、教員採用試験で受験者の得点を操作するなどの不正に関与した者に対する求償権を行使しないことが違法に財産の管理を怠るものであると主張し、地方自治法242条の2第1項3号に基づく請求として、不正に関与した者に対する求償権行使を怠る事実の違法確認を求めるとともに、同項4号に基づく請求として、不正に関与した者に対する求償権を請求することを求めた住民訴訟です。

本件の控訴審判決では、不正に関与した者に対して損害賠償を請求するに当たって、地方公共団体側の過失を理由とする過失相殺や求償権を行使することは困難であったこと等から信義則上、県による求償権の行使が制限されるべきであると判断していました。
・判決：「本件不正は、教育審議監その他の教員採用試験の事務に携わった県教委の職員らが、現職の教員を含む者から依頼を受けて受験者の得点を操作するなどして行われたものであったところ、その態様は幹部職員が組織的に関与し、一部は賄賂の授受を伴うなど悪質なものであり、その結果も本来合格していたはずの多数の受験者が不合格となるなど極めて重大であったものである。そうすると、A（筆者注：教育審議監であった者）に対する本件返納

147

第3章 自治体職員にとって重要な判例・裁判例

命令や本件不正に関与したその他の職員に対する退職手当の不支給は正当なものであったということができ、県が本件不正に関与した者に対して求償すべき金額から本件返納額を当然に控除することはできない。また、教員の選考に試験の総合点以外の要素を加味すべきであるとの考え方に対して県教委が確固とした方針を示してこなかったことや、本件返納命令に基づく返納の実現が必ずしも確実ではなかったこと等の原審が指摘する事情があったとしても、このような抽象的な事情のみから直ちに、過失相殺又は信義則により、県による求償権の行使が制限されるということはできない」と、判示しました。

 ポイント

自治体職員にとっては、判決において「客観的に存在する債権を理由もなく放置したり免除したりすることは許されず、原則として、地方公共団体の長にその行使又は不行使についての裁量はない」とされていることを十分に認識しなければなりません。そのため、税債権のみならず様々な債権を適正に徴収しなければなりません。ただし、その例外として地方自治法施行令171条の5第3号において「その保全及び取立てをしない」場合が規定されていることも重要です。

8 議会の議決に関する判例

地方公共団体の行政運営は、議会と知事・市町村長とによる二元代表制に基づき行われています。そのため、住民訴訟において、議会の議決に関して争われる事例もあります。

① **市庁舎建設基本設計業務委託契約解除事件**(東京高判平成24年7月11日判自371号29頁)
・事案:埼玉県桶川市が設計会社との間で締結していた桶川市庁舎建設基本設

計委託契約を解除した際に、同会社に対し精算金として709万659円を支払ったことについて、本件支出は損害賠償の性質を有するものであるから、地方自治法96条1項13号により議会の議決を必要とするところ、その議決を欠いているから違法である等と主張して、桶川市に対し、地方自治法242条の2第1項4号に基づき、①設計会社に対して不当利得返還請求権に基づく本件精算金の返還請求をすること、②本件精算金の支出負担行為をした当時の桶川市長及び助役個人に対して損害賠償命令をすることを求めた住民訴訟です。
・判決：「地方自治法96条1項13号は、「法律上その義務に属する損害賠償の額を定めること」について議会の議決を要するものとしている。これは、賠償額の決定は異例の財政支出を伴うことがあること、適正な賠償額の決定を図り、責任の所在を明確にすることなどをその趣旨とするものと解される。本件精算金は、本件契約が委託契約約款22条1項に基づいて解除されたために発生した損害賠償金の性質を有するものであるから、同号にいう「法律上その義務に属する損害賠償」に当たるものと解される。したがって、本件精算金の支出に当たっては、事前に市議会の議決が必要であったというべきである」として、住民の請求を容認しました。

② **町有財産低廉価格売却事件**（最判平成17年11月17日裁判集民218号459頁）
・事案：山形県小国町長が在職中に町の財産である砂利を低廉な価格で第三者に譲渡したことにより町は損害を被ったとして、地方自治法242条の2第1項4号（平成14年改正前）に基づき、町に代位して、町長個人に対し損害賠償を求めた住民訴訟です。
・判決：地方自治法「237条2項等の規定の趣旨にかんがみれば、同項の議会の議決があったというためには、当該譲渡等が適正な対価によらないものであることを前提として審議がされた上当該譲渡等を行うことを認める趣旨の議決がされたことを要するというべきである。議会において当該譲渡等の対価の妥当性について審議がされた上当該譲渡等を行うことを認める趣旨の議

第3章　自治体職員にとって重要な判例・裁判例

決がされたというだけでは、当該譲渡等が適正な対価によらないものであることを前提として審議がされた上議決がされたということはできない」とした上で、本件原審（控訴審）の審理については「町議会が本件補正予算を可決するに当たり本件譲渡が適正な対価によらないものであることを前提として審議がされた上その議決がされた事実を確定しておらず、原審が確定した事実関係の下においては、本件補正予算の可決をもって本件譲渡につき地方自治法237条2項の議会の議決があったということはできない」として、高裁に差し戻しました。

　なお、差戻控訴審判決（仙台高判平成18年9月29日判自289号97頁）では、「売却が適正な対価なくしてされたものとは認められない」などとして、控訴を棄却しています。

③　**世界デザイン博覧会住民訴訟上告審判決**（最判平成16年7月13日民集58巻5号1368頁）
・事案：愛知県名古屋市が財団法人世界デザイン博覧会協会から世界デザイン博覧会で使用された施設及び物品を違法に買い受けたなどと主張して、市に代位して、市長、助役及び収入役それぞれ個人に対し、損害賠償を求めた住民訴訟です。
・判決：一審判決では、名古屋市長が自らが代表者である世界デザイン博覧会との間で、双方を代表して契約を締結したことは双方代理を禁止した民法108条に違反した違法、無効なものであるとしました。

　しかし、最高裁は、「普通地方公共団体の長が当該普通地方公共団体を代表して行う契約締結行為であっても、長が相手方を代表又は代理することにより、私人間における双方代理行為等による契約と同様に、当該普通地方公共団体の利益が害されるおそれがある場合がある。そうすると、普通地方公共団体の長が当該普通地方公共団体を代表して行う契約の締結には、民法108条が類推適用されると解するのが相当である。そして、普通地方公共団体の長が当該普通地方公共団体を代表するとともに相手方を代理ないし代表

して契約を締結した場合であっても同法116条が類推適用され、議会が長による上記双方代理行為を追認したときには、同条の類推適用により、議会の意思に沿って本人である普通地方公共団体に法律効果が帰属するものと解するのが相当である」とした上で、高裁に差し戻しました。

なお、差戻控訴審判決（名古屋高判平成17年10月26日裁判所ウェブサイト）本件協会が入場料収入等だけでは賄い切れない費用については、市において負担すべき義務があったものと解するのが相当であるから、本件各契約の締結に裁量権の逸脱、濫用があったとは認められないとしています。

④ **鳴門競艇従事員共済会補助金交付事件**（最判平成28年7月15日判タ1430号127頁）
・事案：徳島県鳴門市が、鳴門競艇従事員共済会から鳴門競艇臨時従事員に支給される離職せん別金に充てるため、共済会に対して補助金を交付したことが、給与条例主義を定める地方公営企業法38条4項に反する違法、無効な財務会計上の行為であるなどとして、市長を相手に、当時の市長の職にあった者に対する損害賠償請求をすることなどを求めた住民訴訟です。
・判決：補助金の交付後に制定された条例において、条例の施行前に市の企業管理規程に基づき支給された給与を当該条例の規定に基づき支給された給与とみなす旨の経過規定が置かれたことについて、「本件条例は、在籍期間が1年を超える臨時従事員が退職した場合に退職手当を支給する旨を定め（3条、12条）、「この条例の施行の際現に企業局長が定めた規程に基づき臨時従事員に支給された給与については、この条例の規定に基づき支給された給与とみなす。」との経過規定（附則2項）を定めている。しかし、共済会の規約に基づき臨時従事員に支給された離職せん別金は、企業局長が定めた規程に基づいて臨時従事員に支給された給与に当たるものでないことは明らかであるから、上記経過規定が定められたとしても、その文言に照らし、本件条例の制定により臨時従事員に対する離職せん別金の支給につき遡って条例上の根拠が与えられたということはできない」として、遡って補助金の交付が適

第3章　自治体職員にとって重要な判例・裁判例

法になるものではないと判断しました。

⑤　**日韓高速船株式会社補助金交付事件判決**（最判平成17年11月10日裁判集民218号349頁）
・事案：下関市、民間企業等の出資により設立された日韓高速船株式会社に対する山口県下関市の補助金の支出は、地方自治法232条の2に定める「公益上必要がある場合」の要件を満たさないから違法であると主張して、市に代位して、市長個人に対し、補助金相当額の損害賠償を求めた住民訴訟です。
・判決：「本件事業の目的、市と本件事業とのかかわりの程度、上記連帯保証がされた経緯、本件第2補助金（筆者注：株式会社の運転資金としての借入金に対する補助金）の趣旨、市の財政状況等に加え、上告人は本件第2補助金の支出について市議会に説明し、本件第2補助金に係る予算案は、市議会において特にその支出の当否が審議された上で可決されたものであること、本件第2補助金の支出は上告人その他の本件事業の関係者に対し本件事業の清算とはかかわりのない不正な利益をもたらすものとはうかがわれないことに照らすと、上告人が本件第2補助金を支出したことにつき公益上の必要があると判断したことは、その裁量権を逸脱し、又は濫用したものと断ずべき程度に不合理なものであるということはできないから、本件第2補助金の支出は、地方自治法232条の2に違反し違法なものであるということはできない」として請求を棄却しました。

⑥　**警察予算支出禁止上告事件**（最判昭和37年3月7日民集16巻3号445頁）
・事案：大阪府議会が可決した予算は警察法を原因とするものであるが、警察法は無効であるためこの予算に関する支出は違法であるとして、その支出の禁止を求めた住民訴訟です。
・判決：この事件に関しては、第1審、控訴審ともに、議会が議決した予算を違法または不当と批判することは、監査委員の権限に属しないから、府議会が議決した予算に基づく警察費の支出につき、その予算自体の違法を理由として支出禁止を求めることはできないとして請求を棄却しました。

しかし、最高裁は、「長その他の職員の公金の支出等は、一方において議会の議決に基くことを要するとともに、他面法令の規定に従わなければならないのは勿論であり、議会の議決があつたからというて、法令上違法な支出が適法な支出となる理由はない」として「原判決が本件支出について大阪府議会の議決があつた一事をもつて直ちに上告人の請求を棄却すべきものとしたのは法令の解釈を誤つた違法がある」としました。ただし、警察法は、無効ではないとして上告を棄却しました。

 ポイント

　地方自治法において議会の議決が必要とされるにもかかわらず、議決を経ることなく行った行為が違法とされることは、当然のことながら、地方公共団体の職員として絶対に避けなければならないことです。また、一方では、裁判所が違法性の判断を行う際に、議会の議決を経ていることを非常に重視していることも重要なポイントです。

　ただし、警察予算支出禁止上告事件判決では、議会の議決があったからといって法令上違法な支出が適法な支出となる理由はないとされていることも十分に意識しなければなりません。

　地方公共団体の職員としては、議会の議決を適正に経ることによって、住民訴訟へのリスクを減らすことも意識しておくことが重要です。

9　権利放棄議決

　一審や控訴審において、地方公共団体の長や職員に対する損害賠償責任が認められた後に、議会においてその損害賠償請求権を放棄するという事案がいくつかありました。その放棄の有効性が訴訟において争われたものです。権利放棄議決については、住民訴訟の役割と議会との関係について重要な考え方を示していますので、詳しく見ていきましょう。

第3章　自治体職員にとって重要な判例・裁判例

　権利放棄議決についてはいくつかの判例がありますが、神戸市の事案[157]を中心に見ていくことにします。事案としては、地方自治法242条の2第1項4号に基づき、普通地方公共団体の長等に対する損害賠償請求及び第三者に対する不当利得返還請求の義務付けを求める住民訴訟（いわゆる4号訴訟）の事実審口頭弁論終結前において、これらの債権を放棄する条例の制定がされた場合におけるその放棄の有効性等が争点となったものです。

　神戸市は、公益的法人等への一般職の地方公務員の派遣等に関する法律（以下「派遣法」といいます。）に基づき、その職員を財団法人、株式会社等の多数の外郭団体に派遣していました。派遣法6条1項では「派遣職員には、その職員派遣の期間中、給与を支給しない」と規定し、公益的法人等に自治体職員を派遣する場合には派遣元の地方公共団体は給与を支給しないこととされています。

　ただし、同条2項において、派遣職員が地方公共団体からの受託業務に従事する場合等には派遣職員に対して、条例で定めるところにより給与を支給することができる旨が規定されています。しかし、市は、派遣法6条2項の規定によることなく、派遣先の外郭団体に対し派遣職員の人件費相当額を補助金又は委託料として支出していました。

　職員の派遣先の外郭団体に対する補助金や委託料の支出が派遣職員の人件費に充てられていることが派遣法を潜脱するもので違法、無効であるとして、神戸市の住民が執行機関としての神戸市長（被告、控訴人、上告人兼申立人）を相手として、①当時の市長個人に対する損害賠償請求と②当該外郭団体に対する不当利得返還請求を行うことの義務付けを求める住民訴訟を提起しました。

　派遣法は、前述のとおり地方公共団体が派遣職員に対して一定の要件の下で直接給与を支給する方法を定めていますが、本件のように普通地方公共団体が職員の派遣先団体に補助金や委託料を支出し、当該団体の方でその補助金や委託料を派遣職員の人件費に充当することが違法、無効であるかどうかについて

157　最判平成24年4月20日民集66巻6号2583頁

は明らかではありませんでした。そのため、第一審においてはこの点が争点となり争われたのです。

　第一審[158]は、本件の補助金、委託料の支出を違法、無効とし、市長の過失も認定した上で、原告らの請求を一部容認しています。これに対して被告が控訴し、原告も附帯控訴し、控訴審において一旦弁論を終結した後、神戸市議会において本件請求権を含む市長に対する損害賠償請求権及び各団体に対する不当利得返還請求権を放棄する旨の条例（以下「本件条例」といいます。）が制定、公布されました。

　市はこの放棄による債権の消滅を主張しましたが控訴審[159]は本件条例の公布、施行のみでは放棄の効力は生じないし、さらに本件条例にかかる神戸市議会の議決は、住民訴訟の制度を根底から否定するものであって議決権の濫用に当たり違法、無効であるとし、55億円あまりにものぼる損害賠償請求及び不当利得返還請求の義務付けを容認しました。これに対して、被告神戸市長が上告及び上告受理申立てを行いました。

① **判決の概要**

　本判決の主要なポイントとしては、①市長に対する損害賠償請求が認められるか、②条例（議決）による権利放棄は有効か、③条例の施行だけでなく市長による債権放棄の意思表示の必要性があるか　という３点です。

　まず第一のポイント、市長に対する損害賠償請求ですが、この点について最高裁は、次のような事実関係を踏まえて市長に過失がないものと認定し、市長の損害賠償責任を否定しました。つまり、①派遣法は補助金等が派遣職員等の給与に充てられることを禁止する旨の明文の規定は置いていない、②派遣法の制定の際の国会審議においても、派遣法の制定後の説明においても、補助金等が派遣職員等の給与に充てられることを禁止することについて、総務省は所管省庁として明確に見解を述べることがなかった、③派遣法施行前に支出された

---

[158]　神戸地判平成20年４月24日民集66巻６号2631頁
[159]　大阪高判平成21年11月27日民集66巻６号2738頁

補助金の適法性に関する裁判例においても「適法」とするものと「違法」とするものに分かれており、派遣法とこの種の補助金の支出の関係について直接判断した裁判例は、本件補助金等の支出の時点でなかった。

このような状況を踏まえて、市長として、本件補助金等の支出の適法性について疑義があるとして調査をしなかったことが、その注意義務に違反するものとまではいえず、支出が派遣法の規定又はその趣旨に反するものであるとの認識に容易に至ることができたとはいい難いことから、市長においては自らの権限に属する財務会計上の行為の適法性に係る注意義務に違反したとはいえない。

さらに、市長の補助職員が専決等により行う財務会計上の違法行為を阻止すべき指揮監督上の義務に違反したともいえない。したがって補助金等の支出につき市長として尽くすべき注意義務を怠った過失があったということはできない。このことから本件条例附則による損害賠償請求権放棄の有効性について判断するまでもなく、市長の損害賠償責任は認められないものと判示しました。

第二のポイントとして、補助金交付団体に対する不当利得返還請求権を放棄する条例の有効性については、次のように判断しました。まず、普通地方公共団体が有する債権の放棄は、「住民による直接の選挙を通じて選出された議員により構成される普通地方公共団体の議決機関である議会の裁量権に基本的に委ねられているものというべきである」と議会の裁量権を広範に認めました。

ただし、①「当該請求権の発生原因である財務会計上の行為等の性質、内容、原因、経緯及び影響」、②「当該議決の趣旨及び経緯」、③「当該請求権の放棄又は行使の影響」、④「住民訴訟の係属の有無及び経緯」、⑤「事後の状況その他の諸般の事情」を総合考慮して、これを放棄することが普通地方公共団体の民主的かつ実効的な行政運営の確保を旨とする地方自治法の趣旨等に照らして不合理であって上記の裁量権の範囲の逸脱又はその濫用に当たると認められるときは、その議決は例外的に違法となり、当該放棄は無効となるものと解するのが相当であるとしました。

その上で、本件条例附則に係る議決の有効性に関しては、次のように具体的

な事実関係を以下のように当てはめ判断しています。①各団体が不法な利益を目的としていないこと、②各団体の業務が公益の増進に寄与するとともに市の事務、事業と密接関連を有すること、③本件補助金等は医療等の各種サービスの提供という形で住民に利益が還元されているものであること、④本件訴訟等を契機に条例の改正が行われ、以後、市の派遣先団体等において市の補助金等を派遣職員等の給与等の人件費に充てることがなくなるという是正措置が既に採られていること、を総合考慮すれば、市が本件各団体に対する上記不当利得返還請求権を放棄することが普通地方公共団体の民主的かつ実効的な行政運営の確保を旨とする地方自治法の趣旨等に照らして不合理であるとは認め難い。

したがって、その放棄を内容とする本件附則に係る市議会の議決がその裁量権の範囲の逸脱又はその濫用に当たるとはいえず、その議決は適法であると解するのが相当であると判示しました。

第三のポイントの市長による債権放棄の意思表示の必要性については、普通地方公共団体による債権の放棄は、条例による場合を除いては、地方自治法149条6号所定の財産の処分としてその長の担任事務に含まれるとともに、議会が債権の放棄の議決をしただけでは放棄の効力は生ぜず、その長による執行行為としての放棄の意思表示を要するものというべきである。

一方、条例による債権の放棄の場合には、条例という法規範それ自体によって債権の消滅という効果が生ずるものであるから、その長による公布を経た当該条例の施行により放棄の効力が生じ、長による別途の意思表示を要しないとしました。

② 関連判決

神戸市の外郭団体に対する補助金、委託料については、支出年度等によって第1次から第5次までの訴訟が提起されており、本判決は、平成17・18年度分の補助金等に関する訴訟における判決であり、他の年度分の補助金等に係る第3次から第5次までの判決も同日になされた。なお、第3次～第5次判決においては、補助金等の支出に係る違法事由、過失等の帰責性の有無等について十

第3章　自治体職員にとって重要な判例・裁判例

分に審理が尽くされていないため、原審等に差し戻すとの判決がなされています。

　また、本判決の直後に言い渡された最高裁判決（さくら市債権放棄議決事件）160は、普通地方公共団体が有する損害賠償請求権が放棄の対象となったものであり、議会の裁量権について本件判決と同様の判断が示されています。

　ただし、本判決後になされた訴訟において、請求権を放棄する旨の議会の議決は違法であり、当該放棄は無効となるとした裁判例161もあるので注意が必要です。

　この事案は、鳴門市が鳴門町漁業協同組合及び補助参加人新鳴門漁業協同組合に対して競艇事業に関し公有水面使用協力費の名目でそれぞれ430万円を支出したことは法的根拠も必要性もないもので違法、無効であるとして、地方自治法242条の2第1項4号に基づき、支出当時の公営企業管理者に対して損害賠償請求を、漁業協同組合等に対して不当利得返還請求をすることを求めた住民訴訟です。判決では、「地方自治法においては、普通地方公共団体がその債権の放棄をするに当たって、その議会の議決及び長の執行行為（条例による場合には、その公布）という手続的要件を満たしている限り、その適否の実体的判断については、住民による直接の選挙を通じて選出された議員により構成される普通地方公共団体の議決機関である議会の裁量権に基本的に委ねられている」としたものの、損害賠償請求権又は不当利得返還請求権「が認められる場合は様々であり、個々の事案ごとに、当該請求権の発生原因である財務会計行為等の性質、内容、原因、経緯及び影響、当該議決の趣旨及び経緯、当該請求権の放棄又は行使の影響、住民訴訟の係属の有無及び経緯、事後の状況その他の諸般の事情を総合考慮して、これを放棄することが普通地方公共団体の民主的かつ実効的な行政運営の確保を旨とする同法の趣旨等に照らして不合理であって上記の裁量権の範囲の逸脱又はその濫用に当たると認められるときは、

160　最判平成24年4月23日民集66巻6号2789頁
161　高松高判平成29年1月31日判タ1437号85頁

その議決は違法となり、当該放棄は無効となるものと解するのが相当である。そして、当該公金の支出等の財務会計行為等の性質、内容等については、その違法事由の性格や当該職員又は当該支出等を受けた者の帰責性等が考慮の対象とされるべき」であるとしました。その上で、本件事案については、「支出の違法性は大きく、違法性を基礎づける事実自体は関係者において容易に認識できる状況にあり、補助参加人ら（著者注：鳴門町漁業協同組合等）においては法律上理由のない多額の利益を得たもので」、「公営企業管理者の職責に鑑みてその帰責性は大きいということができ、本件議決の趣旨及び経緯についてみると、本件議案の提案理由の中核となる点について的確な説明責任を果たしているとは認められ」ないことなどから、不当利得返還請求権及損害賠償請求権を放棄することは、「裁量権の範囲を逸脱又はその濫用に当たるといわざるを得ず、本件議決は違法であり、本件議決に基づく各請求権の放棄は無効というべきである」とされています。

10　自治体職員の住民訴訟対策

　住民訴訟は、自治体職員にとってとても大きなリスクとなりうる制度です。そのため、自治体職員は、様々な施策の実施を判断する際、あるいは事務を処理する際に、住民訴訟において敗訴するようなことは避けなければなりません。

　特に4号請求訴訟は、最終的に職員等が個人として多額の賠償責任を負うこともあるため十分な意識が必要です。地方公共団体の事務の執行や政策判断に当たって、まったくリスクがないことばかりではありません。様々な条件の中で、多少なりともリスクのある判断を取らざるを得ない場合もあります。その場合こそ住民訴訟を意識して、そのリスクを減らすことが重要です。

　ここでは、4号請求訴訟で賠償責任等のリスクを減らすための留意事項を考えてみましょう。

① 　4号請求訴訟において賠償責任や不当利得返還責任の要件を理解する

4号請求訴訟は、当該職員等の損害賠償責任や不当利得返還責任を争う訴訟です。このため、当該職員等の損害賠償責任や不当利得返還責任の要件を満たしていなければ、個人として責任を問われることはありません。

そのため、違法、故意・過失等の成立要件（86頁参照）を十分に理解し、様々な判断を行う必要があります。特に過失は重要なポイントです。当該職員等に少なくとも過失がなければ賠償責任を問われることはなりません。そのため、十分な検討を重ねるなど注意義務違反とならないことはとても重要です。

② 議会に対して十分な説明を行い、議決を求める

警察予算支出禁止上告事件判決においては、「議会の議決があつたからといって、法令上違法な支出が適法な支出となる理由はない」としていますが、その後になされた日韓高速船株式会社補助金交付事件判決においては、事業の目的、市と事業とのかかわりの程度、経緯等について市議会に説明し、市議会においてその支出の当否が審議された上で可決されたものであることを理由の1つとして、支出の違法性が否定されています。

こうした最高裁の判断を踏まえて考えるならば、議会において十分な説明、審議の上、議決をするということは、住民訴訟のリスクを減らす1つの方策になるのではないでしょうか。

③ 判例を踏まえて政策判断を行う

これまでに数多くの住民訴訟が提起され、裁判所における判断がなされています。こうした判断を踏まえて考えることは、地方公共団体が住民訴訟において敗訴するリスクを減らすために非常に重要です。

第4章

住民訴訟制度の課題と法改正

第4章　住民訴訟制度の課題と法改正

1　地方制度調査会及び住民訴訟制度の見直しに関する懇談会での議論

　住民訴訟制度に関しては、いくつかの課題が指摘されてきましたがその一つが住民訴訟の係属中に議会の議決による権利放棄を行うことで、実質的に住民訴訟を形骸化してしまうことでした。そのことを受けて、第29次地方制度調査会は、「今後の基礎自治体及び監査・議会制度のあり方に関する答申（平成21年6月）」において、住民訴訟に関して次のような意見を表明しています。

> **住民訴訟と議会の議決による権利放棄**
> 　「近年、議会が、4号請求訴訟の係属中に当該訴訟で紛争の対象となっている損害賠償請求権を放棄する議決を行い、そのことが訴訟の結果に影響を与えることとなった事例がいくつか見られるようになっている。
> 　4号請求訴訟で紛争の対象となっている損害賠償又は不当利得返還の請求権を当該訴訟の係属中に放棄することは、住民に対し裁判所への出訴を認めた住民訴訟制度の趣旨を損なうこととなりかねない。このため、4号請求訴訟の係属中は、当該訴訟で紛争の対象となっている損害賠償又は不当利得返還の請求権の放棄を制限するような措置を講ずるべきである」

　この答申を受けて、総務省の「住民訴訟制度の見直しに関する懇談会」において検討が行われ、地方自治法も改正されています。

2　地方自治法の改正

　この懇談会での検討を踏まえて、地方公共団体の長等の損害賠償責任の見直しを含む地方自治法の改正案が2017年（平成29年）通常国会に上程され、2017年（平成29年）5月23日可決成立しました。

(1)　改正内容
①　長等の損害賠償責任の限定について

長や職員等の地方公共団体に対する損害賠償責任について、その職務を行うにつき善意でかつ重大な過失がないときは、賠償責任額を限定してそれ以上の額を免責する旨を条例において定めることが可能となりました。

なお、条例で定める場合の免責に関する参酌基準及び責任の下限額は国が政令において設定することとされています。

② 損害賠償請求権等の放棄に関する議決について

議会は、住民監査請求があった後に、その請求に関する損害賠償請求権等の放棄に関する議決をしようとするときは、監査委員からの意見を聴取しなければならないこととされました。これによって、政治的判断のみならず、監査委員による中立的な判断を行うことが可能になります。

(2) 施行期日

これらの地方自治法の改正は、2020年（平成32年）4月1日に施行されます。

> 地方自治法（抄）
> （住民監査請求）
> 第242条　普通地方公共団体の住民は、当該普通地方公共団体の長若しくは委員会若しくは委員又は当該普通地方公共団体の職員について、違法若しくは不当な公金の支出、財産の取得、管理若しくは処分、契約の締結若しくは履行若しくは債務その他の義務の負担がある（当該行為がなされることが相当の確実さをもって予測される場合を含む。）と認めるとき、又は違法若しくは不当に公金の賦課若しくは徴収若しくは財産の管理を怠る事実（以下「怠る事実」という。）があると認めるときは、これらを証する書面を添え、監査委員に対し、監査を求め、当該行為を防止し、若しくは是正し、若しくは当該怠る事実を改め、又は当該行為若しくは怠る事実によつて当該普通地方公共団体のこうむつた損害を補塡するために必要な措置を講ずべきことを請求することができる。
> 2〜9　（略）
> 10　普通地方公共団体の議会は、第1項の規定による請求があった後に、当該請求に係る行為又は怠る事実に関する損害賠償又は不当利得返還の請求権その他の権利の放棄に関する議決をしようとするときは、あらかじめ監査委員の意見を聴かなければならない。

第4章　住民訴訟制度の課題と法改正

11　（略）

（住民訴訟）
第242条の2　普通地方公共団体の住民は、前条第1項の規定による請求をした場合において、同条第5項の規定による監査委員の監査の結果若しくは勧告若しくは同条第9項の規定による普通地方公共団体の議会、長その他の執行機関若しくは職員の措置に不服があるとき、又は監査委員が同条第5項の規定による監査若しくは勧告を同条第6項の期間内に行わないとき、若しくは議会、長その他の執行機関若しくは職員が同条第9項の規定による措置を講じないときは、裁判所に対し、同条第1項の請求に係る違法な行為又は怠る事実につき、訴えをもって次に掲げる請求をすることができる。
　一　当該執行機関又は職員に対する当該行為の全部又は一部の差止めの請求
　二　行政処分たる当該行為の取消し又は無効確認の請求
　三　当該執行機関又は職員に対する当該怠る事実の違法確認の請求
　四　当該職員又は当該行為若しくは怠る事実に係る相手方に損害賠償又は不当利得返還の請求をすることを当該普通地方公共団体の執行機関又は職員に対して求める請求。ただし、当該職員又は当該行為若しくは怠る事実に係る相手方が第243条の2の2第3項の規定による賠償の命令の対象となる者である場合には、当該賠償の命令をすることを求める請求
2　前項の規定による訴訟は、次の各号に掲げる場合の区分に応じ、当該各号に定める期間内に提起しなければならない。
　一　監査委員の監査の結果又は勧告に不服がある場合　当該監査の結果又は当該勧告の内容の通知があつた日から30日以内
　二　監査委員の勧告を受けた議会、長その他の執行機関又は職員の措置に不服がある場合　当該措置に係る監査委員の通知があつた日から30日以内
　三　監査委員が請求をした日から60日を経過しても監査又は勧告を行わない場合　当該60日を経過した日から30日以内
　四　監査委員の勧告を受けた議会、長その他の執行機関又は職員が措置を講じない場合　当該勧告に示された期間を経過した日から30日以内
3　前項の期間は、不変期間とする。
4　第1項の規定による訴訟が係属しているときは、当該普通地方公共団体の他の住民は、別訴をもつて同一の請求をすることができない。
5　第1項の規定による訴訟は、当該普通地方公共団体の事務所の所在地を管轄する地方裁判所の管轄に専属する。
6　第1項第1号の規定による請求に基づく差止めは、当該行為を差し止めることによつて人の生命又は身体に対する重大な危害の発生の防止その他公共の福祉を著しく阻害するおそれがあるときは、することができない。

7　第1項第四号の規定による訴訟が提起された場合には、当該職員又は当該行為若しくは怠る事実の相手方に対して、当該普通地方公共団体の執行機関又は職員は、遅滞なく、その訴訟の告知をしなければならない。
8　前項の訴訟告知があつたときは、第1項第四号の規定による訴訟が終了した日から6月を経過するまでの間は、当該訴訟に係る損害賠償又は不当利得返還の請求権の時効は、完成しない。
9　民法第153条第2項の規定は、前項の規定による時効の完成猶予について準用する。
10　第1項に規定する違法な行為又は怠る事実については、民事保全法（平成元年法律第91号）に規定する仮処分をすることができない。
11　第2項から前項までに定めるもののほか、第1項の規定による訴訟については、行政事件訴訟法第43条の規定の適用があるものとする。
12　第1項の規定による訴訟を提起した者が勝訴（一部勝訴を含む。）した場合において、弁護士又は弁護士法人に報酬を支払うべきときは、当該普通地方公共団体に対し、その報酬額の範囲内で相当と認められる額の支払を請求することができる。

参酌すべき基準や責任の下限額

住民訴訟制度の見直しに関する懇談会では、免責の参酌すべき基準や責任の下限額については、会社法・独立行政法人通則法等における役員等の最低責任限度額との均衡や、長等の職責・任期等も踏まえて定める必要があると考えられるが、さらに学識経験者等の意見を聴くなどして、慎重に定めることとすべきであるという意見が出されていました。

○　会社法における役員等の損害賠償責任の免除（会社法424条〜427条）

	全部免除（会社法424条）	株主総会決議による一部免除（会社法425条）	取締役会決議による一部免除（会社法426条）	責任限定契約（会社法427条）
対象者	役員等	役員等	役員等	役員等（業務執行取締役等を除く）
主観的要件	なし	善意・無重過失	善意・無重過失	善意・無重過失

第4章　住民訴訟制度の課題と法改正

手続	総株主の同意	1　株主総会の特別決議（会社法309条2項8号） 2　株主総会での開示・責任原因事実・責任額・免除可能な額の限度・算定根拠・免除すべき理由・免除額 3　免除議案の株主総会への提出についての監査役・監査等委員・監査委員の同意	1　一部免除ができる旨の定款の定め 2　取締役会の決議又は取締役（当該責任を負う取締役を除く。）の過半数の同意 3　免除議案の取締役会への提出等についての監査役等の同意 4　下記事項の公告又は株主への通知 ・責任原因事実及び責任額 ・免除可能な額の限度 ・算定根拠・免除すべき理由 ・免除額 4　総株主の議決権の100分の3以上の議決権を有する株主による異議がないこと	1　責任限定契約の締結ができる旨の定款の定め 2　責任限定契約の締結 3　株主総会での下記事項の開示 ・責任原因事実・責任額 ・責任免除することのできる額の限度額及びその算定根拠 ・責任限定契約の内容 ・締結理由 ・責任を負わないとされた額
効果	全部免除	賠償責任額から最低責任限度額（※）を控除した額を限度とする免除 ⇒最低責任限度額を下回らない額になるまで免除可能	賠償責任額から最低責任限度額（※）を控除した額を限度とする免除 ⇒最低責任限度額を下回らない額になるまで免除可能	以下のいずれか高い額が損害賠償責任の限度額となる 1　定款で定めた額の範囲内で株式会社が定めた額

2　地方自治法の改正

				2　最低責任限度額（※）

> ※　最低責任限度額は、法務省令の定める方法で算定した当該役員等の1年間の報酬に相当する額に、役員等の区分に応じた数を乗じるなどして算出する（会社法425条1項、会社法施行規則113条、114条）

(3)　**地方公共団体の対応**

　地方公共団体の長等の損害賠償責任の限定については、政令の基準に従い、各地方公共団体が条例で賠償責任の上限額を定めることになります。上限額を具体的にどのように設定するかについては、非常に難しい判断になりますが、総務省が前述の懇談会資料として示した会社法における役員等の会社に対する損害賠償責任に関する基準が参考になります。

　各地方公共団体では、政令の公布、施行後、速やかに地方公共団体の長等の損害賠償責任を限定する条例の制定について検討を行う必要があります。また、監査委員においては、損害賠償請求権等の放棄に関する議決に関する基本的な考え方を整理しておくことがのぞまれます。

（参考）長や職員に対する高額（1億円以上）の損害賠償が命じられた事例

	概要	賠償義務	訴訟の経過
1	市が、業者に町内清掃等に係る汚土収集運搬作業の委託契約を締結し、その委託料を支払っていたところ、①委託契約における委託作業の対象外物件の収集運搬業務についても委託料を支払っていた、②契約上の適正な手続を経ずに委託料を支払っていた、③委託契約は、随意契約の方法により締結することができないにもかかわ	市長、助役	・一審（広島地裁H10．3．31判決）：請求一部認容（市長に対し、1億4994万円の賠償命令、助役3名に対し、3398万円〜1億4994万円の賠償命令） ・控訴審（広島高裁H15．7．29判決）：原判決変更（市長に対し、1億0751万円の賠償命令、助役3名に対し、276万円〜1億0751万円の賠償命令）

第4章　住民訴訟制度の課題と法改正

	らず、随意契約の方法で締結されたものである等の理由により無効であり、当時の市長等の過失により、市が違法に委託料を支出し、委託料相当額の損害を被ったとして、当時の市長、助役、収入役に対し、3398万～1億7171万円の損害賠償を求めた（旧4号訴訟）。		・上告審（最高裁H18．11．24決定）：上告不受理、上告棄却⇒高裁判決確定
2	市長によりゴルフ場開発が不許可とされた開発用地を所有する開発業者等が、市に対して80億円の損害賠償を求める民事調停を申し立てたところ、裁判所により、市が開業者から代金約47億円で用地を買い取ることを内容として調停に代わる決定がなされ、市長は、議会の議決を得た上で、決定に異議申立てをせずに確定させ、市は買取代金を支払った。 　市長が同決定における買取代金が著しく高額であることを知り又は知り得たにもかかわらず、決定に異議申立てをせずに確定させたことにより、市に買取代金と適正価格との差額分に相当する損害を被らせたとして、市長に対し、43億5429万円の損害賠償を求めた（旧4号訴訟）。	市長	・一審（京都地裁H13．1．31判決）：請求一部認容（4億6892万円の賠償命令） ・控訴審（大阪高裁H15．2．6判決）：原判決変更（26億1257万円の賠償命令） ・上告審（最高裁H17．9．15決定）：上告不受理⇒高裁判決確定
3	事業者が動物霊園等を建設することを計画していたところ、市は、山林開発による災害の心配や生活環境の悪化を理由とする近隣住民の反対運動に配慮し、自然環境を保全する観点等から、建設予定地を取得することとし、土地開発公社に動物霊園等の建設予定地	市長	・一審（大阪地裁H14．6．14判決）：請求認容（1億3246万円の賠償命令） ・控訴審（大阪高裁H15．6．17判決）：控訴棄却 ・上告審（最高裁H17．9．6決定）：上告棄却、上告不受理⇒一審判決確定

2 地方自治法の改正

	を先行取得させたうえで、当該建設予定地を買い受けた。 　市が取得した当該建設予定の代金が適正価格を超えているから地方財政法4条1項に違反して違法であり、少なくとも補償費名下で支払った額に相当する損害を被ったとして、市長に対し、1億3246万円の損害賠償を求めた（旧4号訴訟）。		
4	市は、地方交付税額算定に当たっての公共施設状況調査における公共下水道の「現在排水人口」について、記載要領で記載を要求されていた定住人口の数値ではなく、定住人口に昼間利用人口を加算した数値を報告したことにより、29か年度にわたって地方交付税を過大に交付されていたため、自治大臣から、その差額分の返還及び加算金を請求されて支払った。 　18か年度分の調査票の記載に関わった市長及び職員が調査票に過大な数値を記載したことあるいは自治省から配布された交付税算定用基礎数値チェック票による確認手続の際にその過大な数値を訂正しなかった過失により、市が国から支払を請求されて支払った加算金に相当する21億1772万円の損害を被ったとして、市長及び職員（助役、下水道局長、財政局長、担当部長等合計43名）に対して、損害賠償等を求めた（3号訴訟、旧4号訴訟）。	市長、助役、職員	・一審（岡山地裁H18．5．17判決）：請求一部認容（市長に対し、4億5090万円の賠償命令、助役5名に対し、2億1487万～4億9091万円の賠償命令、下水道局長、財政局長合計11名に対し、1735万円～6億7764万円の賠償命令） ・控訴審（広島高裁岡山支部H21．9．17判決）：原判決変更（市長に対し、4億5090万円の賠償命令、助役1名に対し、2億1487万円の賠償命令、下水道局長5名に対し、1735万円～1億8128万円の賠償命令） ※上告後、訴訟外で被告らが解決金合計9000万円を支払い、訴え取下げで訴訟終了。

第4章　住民訴訟制度の課題と法改正

5	県職員の旅費の支出負担行為及び支出命令が、公務出張の事実がないのにされた違法なものであり、旅費の支出に係る支出負担行為及び支出命令の法令上本来的な権限を有する職にあった知事（旅費にかかる支出負担行為及び支出命令は課長補佐等が専決により行うものとされていた。）がカラ出張の対策をすべき指揮監督義務に違反した過失により、県に損害を与えたとして、当時の県知事に対し、2億1356万円の損害賠償を求めた（旧4号訴訟）。	知事	・一審（福井地裁H18.12.27判決）：請求一部認容（1億0983万円の賠償命令） ・控訴審（名古屋高裁金沢支部H20.2.20判決）：原判決取消、請求棄却 ・上告審（最高裁H21.11.12決定）：上告棄却、上告不受理⇒高裁判決確定
6	市が公益法人等への一般職の地方公務員の派遣等に関する法律所定の手続によらずに市の外郭団体に対して補助金を支出してこれが派遣職員の給与に充てられたことが派遣職員の給与の支給方法等を定める同法を潜脱するもので違法であり、市長の過失により、市が補助金相当額の損害を被ったとして、市長に対する2億5379万円の損害賠償請求を求めた（4号訴訟）。	市長	・一審（神戸地裁H20.4.24判決）：請求一部認容（2億1872万円の請求命令） ・控訴審（大阪高裁H21.1.20判決）：原判決変更（2億5379万円の請求命令） ・上告審（最高裁H21.12.10決定）：上告棄却、上告不受理⇒高裁判決確定
7	市が公益法人等への一般職の地方公務員の派遣等に関する法律所定の手続によらずに市の外郭団体に対して補助金を支出してこれが派遣職員の給与に充てられたことが派遣職員の給与の支給方法等を定める同法を潜脱するもので違法であり、市長の過失により、市が補助金相当額の損害を被ったとし	市長	・一審（神戸地裁H20.4.24判決）：請求一部認容（45億5277万円の請求命令） ・控訴審（大阪高裁H21.11.27判決）：原判決変更（55億3966万円の請求命令） ・上告審（最高裁H24.4.20判決）：原判決破棄、請求棄却⇒確定

2 地方自治法の改正

	て、市長に対する70億0192万円の損害賠償請求を求めた（4号訴訟）。		
8	合併前の町が浄水場建設予定として購入した土地の代金が適正価格を超えており、当時の町長が裁量を逸脱、濫用し、地方自治法2条14項、地方財政法4条1項に違反して違法に契約を締結したことにより、町が適正価格との差額分の損害を被ったとして、当時の町長に対する当該差額分相当の1億2192万円の損害賠償請求を求めた（4号訴訟）。 一審判決後に議会が当時の町長に対する請求権を放棄する議決をした。	町長	・一審（宇都宮地裁H20．12．24判決）：請求認容（1億2192万円の請求命令） ・控訴審（東京高裁H21．12．24判決）：控訴棄却 ・上告審（最高裁H24．4．23判決）：原判決破棄、差戻 差戻後控訴審（東京高裁H25．5．30判決）：原判決取消、請求棄却　⇒　高裁判決確定
9	生活保護に係る高額の通院移送費の請求を受けて市がした生活保護の支給決定（総額2億3886万円）は最低限度の生活の需要を超えるもので生活保護法第8条第2項に違反するものであり、当時の市長や福祉事務所長等の故意・過失又は重過失により、市が支給額に相当する損害を被ったとして、当時の市長、福祉事務所長、担当課長2名等に対する損害賠償請求又は地方自治法第243の2第3項による賠償命令を求めた（4号訴訟）。	職員（福祉事務所長、課長）	・一審（札幌地裁H25．3．27判決）：請求一部認容（元福祉事務所長に対する合計9785万円の請求命令等、元担当課長1名に対する合計1855万円の請求命令等、元市長・担当課長1名に対する請求は棄却） ・控訴審（札幌高裁H26．4．25判決）：原判決変更（元福祉事務所長に対する合計1億3465万円の請求命令等、元担当課長2名に対する合計4920～5535万円の請求命令等、元市長に対する請求は棄却）⇒高裁判決
10	市が、国及び県からの補助金交付対象事業としてA社に委託して実施させた工事につき、補助金の交付を受けてA社に委託料を支払っていたところ、実際の工事の	職員（検査担当職員）	・一審（横浜地裁H26．3．26判決）：請求一部認容（検査員2名に対する2559万円、1億4049万円の賠償命令） ※控訴後、訴え取り下げ

出来高を上回る委託料を支払っていた結果、補助金を過大に受給していたことが判明したとして、国及び県から補助金交付決定を取り消され、補助金の返還と加算金の納付を請求されて支払った。

　工事の検査担当職員、委託料の支出命令・支出負担行為の担当職員の故意又は重過失、当時の市長(支出命令・支出負担行為は補助職員が専決により行っていた。)の指揮監督上の過失により、市が国及び県から支払を請求されて支払った加算金に相当する1億6608万円の損害を被ったとして、元市長に対する1億6608万円の損害賠償請求を求め、担当職員に対する384万円〜1億6608万円の賠償命令を求めた(4号訴訟)。

（出典：総務省資料をもとに一部加筆）

あとがき

　住民訴訟は、住民が地方公共団体の財務会計上の行為について直接チェックを求めるもので、住民自治に基づく重要な制度です。これまでも地方公共団体の不適正な事務処理の抑止、改善において大きな効果を果たしてきました。

　しかし一方では、地方公共団体の長や職員が個人で多額の賠償責任を問われることもあるため、長や職員が委縮し消極的になるなどの弊害も指摘されています。こうした問題点も踏まえて、地方公共団体の長等の損害賠償責任の限定や損害賠償請求権等の放棄に関する議決に関して地方自治法が改正され、2020年4月1日から施行されることになっています。しかし、住民訴訟における裁判所の判断は事後的なものであることや、住民訴訟は組織の責任を個人の責任として追及するものであることから、自治体職員にとっては非常な負担やリスクを強いる制度となっていることに変わりはありません。このような中で、自治体職員が適正にかつ積極的に様々な施策を実施するためには、住民訴訟制度や判決の動向を十分に把握しておくことは不可欠だといえます。

　私自身が自治体職員として長年勤務し、様々な住民訴訟を経験してきました。その経験を通じて、判例の重要性を痛感しました。判例を理解し判例を踏まえた適切な判断を行うことによって、委縮することなく積極的な行政運営を行うことができると考えています。そのため、本書ではできる限り判例にふれながら解説を行いました。

　本書を通じて多くの自治体職員が住民監査請求・住民訴訟制度、そして判例について理解を深め、地方自治法の改正への対応、あるいは適正な財務会計処理を行っていただくことを心より願っております。

　なお、本書の出版に当たりましても、第一法規株式会社出版編集局第二部の梅牧文彦さんに大変お世話になりました。梅牧さんにはこれまでの多くの書籍等をお手伝いいただいておりますが、本書につきましても的確なアドバイスを頂戴いたしました。心からお礼を申し上げます。

参考文献

- 伴　義聖、大塚　康男『実務　住民訴訟』（ぎょうせい、1997年）
- 関　哲夫『住民訴訟論（新版）』（勁草書房、1997年）
- 寺田　友子『住民訴訟判例の研究』（成文堂、2013年）
- 小早川　光郎、青柳　馨『論点体系　判例行政法3』（第一法規、2016年）
- 松本　英昭『新版　逐条地方自治法　第9次改訂版』（学陽書房、2017年）
- 伴　義聖、山口　雅樹『新版　実務住民訴訟』（ぎょうせい、2018年）

事項索引

い
- 委員会・委員 ················ 10, 12, 14
- 1号請求 ···························· 72
- 一部事務組合 ························ 3
- 一般監査 ···························· 5
- 一般競争入札 ················ 22, 130
- 違法性の同一性 ···················· 70
- 違法性又は不当性の特定の程度 ······ 33
- 違法又は不当な財務会計上の行為 ···· 30

う
- 訴えの取下げ ····················· 116
- 訴えの変更 ······················· 113

お
- 押印 ······························ 37
- 怠る事実 ·························· 80

か
- 会計管理者 ············ 6, 12, 15, 16, 84
- 概算払 ···························· 43
- 外部監査人による監査手続 ·········· 59
- 仮処分 ··························· 120
- 管轄 ····························· 106
- 勧告を受けた執行機関等の措置 ······ 57
- 監査委員による監査 ················· 5
- 監査委員による監査手続 ············ 59
- 監査委員の除斥 ···················· 53
- 監査結果に対する賠償請求 ·········· 58
- 監査請求書の補正 ·················· 50
- 監査請求の期間 ···················· 39
- 監査請求前置主義 ·················· 67

き
- 議会の請求による監査 ··············· 6
- 基金 ······························ 19
- 期算日の原則 ······················ 39
- 既判力 ··························· 120
- 行政財産 ·························· 19

け
- 形成力 ··························· 121
- 継続的行為 ························ 44
- 契約の締結又は履行 ················ 21
- 権限の委任、代理、専決 ············ 11
- 権利能力なき社団 ··················· 7

こ
- 公金の支出 ························ 15
- 公金の賦課・徴収を怠る事実 ········ 26
- 拘束力 ··························· 121
- 公有財産 ·························· 18
- 個別外部監査による監査請求 ········ 56

さ
- 債権 ······························ 19
- 財産区 ····························· 3
- 財産の管理を怠る事実 ·············· 27
- 財産の取得、管理又は処分 ·········· 17
- 財務会計上の行為 ·············· 14, 27
- 債務その他の義務の負担 ············ 24
- 財務に関する怠る事実 ·········· 14, 81
- 債務不履行責任 ···················· 89
- 3号請求 ··························· 80
- 暫定的な停止勧告制度 ·············· 54

し

- 資金前渡・・・・・・・・・・・・・・・・・・・・・・15
- 事項の特定・・・・・・・・・・・・・・・・・・・・31
- 支出負担行為・・・・・・・・・・・・・・・・・・15
- 支出命令・・・・・・・・・・・・・・・・・・・・・・15
- 執行停止・・・・・・・・・・・・・・・・・・・・・・79
- 指名競争入札・・・・・・・・・・・・・・・・・・22
- 氏名の記載・・・・・・・・・・・・・・・・・・・・37
- 住民訴訟と和解・・・・・・・・・・・・・・・115
- 出訴期間・・・・・・・・・・・・・・・・・・・・・106
- 証拠の提出及び陳述の機会・・・・・・53
- 職員の給与等・・・・・・・・・・・・・・・・・・25
- 職員の賠償責任の監査・・・・・・・・・・・6
- 真性怠る事実・・・・・・・・・・・・・・・・・・45

す

- 随意契約・・・・・・・・・・・・・・・・・・・・・・22

せ

- 請求書の記載事項・・・・・・・・・・・・・・35
- 請求対象の特定・・・・・・・・・・・・・・・・31
- 請求の事実を証する書面の添付・・・37
- 請求の放棄・・・・・・・・・・・・・・・・・・・116
- 専決処分・・・・・・・・・・・・・・・・・・・・・・13
- 先行行為の違法性・・・・・・・・・・・・・100

そ

- 総合評価競争入札・・・・・・・・・・・・・・23
- 相当な理由・・・・・・・・・・・・・・・・・・・・55
- 訴訟告知・・・・・・・・・・・・・・・・・・・・・109
- 訴訟参加・・・・・・・・・・・・・・・・・・・・・110
- 訴訟の承継・・・・・・・・・・・・・・・・・・・114
- 訴訟費用・・・・・・・・・・・・・・・・・・・・・117
- 措置請求書・・・・・・・・・・・・・・・・・・・・36
- 措置の相手方の同一性・・・・・・・・・・69
- 損害賠償額の算定・・・・・・・・・・・・・・99

た

- 対象機関及び対象職員の特定・・・・・32
- 対象事実の同一性・・・・・・・・・・・・・・68
- 対象の特定・・・・・・・・・・・・・・・・・・・・76
- 代理人・・・・・・・・・・・・・・・・・・・・・・・・・7

ち

- 知事・市町村長の要求による監査・・・・6
- 地方公共団体による上訴・・・・・・・・121
- 貼付印紙・・・・・・・・・・・・・・・・・・・・・117
- 直接請求による事務監査請求・・・・・・2

つ

- 通知の相手方・・・・・・・・・・・・・・・・・・53

と

- 当該行為がなされることが相当な確実性・・・・・・・・・・・・・・・・・・・・・・・・26
- 当事者能力・・・・・・・・・・・・・・・・・・・108
- 特別監査・・・・・・・・・・・・・・・・・・・・・・・6
- 土地開発公社・・・・・・・・・・・・・・・・・・・4

に

- 2号請求・・・・・・・・・・・・・・・・・・・・・・76

の

- 納税者訴訟・・・・・・・・・・・・・・・・・・・・62

ひ

- 被告適格・・・・・・・・・・・・・・75, 79, 81, 84
- 被告の変更・・・・・・・・・・・・・・・・・・・112

ふ

- 不真正怠る事実・・・・・・・・・・・・・・・・45
- 不当利得の要件・・・・・・・・・・・・・・・・96
- 普通財産・・・・・・・・・・・・・・・・・・・・・・20

物品‥‥‥‥‥‥‥‥‥‥‥‥‥19
不法行為責任‥‥‥‥‥‥‥‥90

へ

別訴の禁止‥‥‥‥‥‥‥‥‥107
弁護士費用の負担‥‥‥‥‥‥117

ほ

補助金‥‥‥‥‥‥‥‥‥‥‥25
補助参加‥‥‥‥‥‥‥‥‥‥111
補正期間‥‥‥‥‥‥‥‥‥‥52
補正の方法‥‥‥‥‥‥‥‥‥52

み

民事保全法‥‥‥‥‥‥‥‥‥120

よ

要件審査‥‥‥‥‥‥‥‥‥‥49
4号請求‥‥‥‥‥‥‥‥‥‥82

判例索引

最判昭和29年2月11日民集8巻2号419頁	31
最判昭和34年7月20日民集13巻8号1103号	62
長崎地判昭和36年2月3日行集12巻12号2505頁	115
最判昭和37年3月7日民集16巻3号445頁（警察予算支出禁止上告事件）	12, 152
名古屋高判昭和44年3月31日行集20巻2・3号317頁	14, 78
札幌高判昭和44年4月17日判時554号21頁	25
札幌高判昭和44年4月17日行集20巻4号459頁	79
名古屋高金沢支判昭和44年12月22日行集20巻12号1726頁	38
大阪高判昭和46年8月31日判タ271号199頁	41
最判昭和48年11月27日裁判集民110号545頁	21
東京高決昭和49年7月11日行集25巻11号1391頁	111
最判昭和50年10月2日裁判集民116号163頁（特別区区長に対する管理職手当支給条例）	140
広島地判昭和50年8月29日行集26巻7・8号952頁	81
東京地判昭和50年12月24日判時807号16頁	75
最判昭和51年3月30日裁判集民117号337頁	18, 28
最判昭和52年7月13日民集31巻4号533頁（津地鎮祭違憲訴訟大法廷判決）	126
青森地判昭和52年10月18日判時895号65頁	14
岡山地判昭和52年12月27日行集28巻12号1380頁	68, 81
最判昭和53年3月30日民集32巻2号485頁	8, 62, 65, 117, 121
千葉地判昭和53年6月16日行集29巻6号1127頁	29
最判昭和53年6月23日裁判集民124号145頁	45
最判昭和55年2月22日裁判集民129号209頁	68, 115
最判昭和55年2月22日判タ413号84頁	99
大阪地判昭和55年6月18日民集41巻4号697頁	21
東京高判昭和57年2月25日行集33巻1・2号201頁	69
大阪地判昭和57年3月24日行集33巻3号564頁	78
奈良地判昭和57年3月31日行集33巻4号785頁	8
最判昭和58年7月15日民集37巻6号849頁	98
最判昭和58年7月15日民集37巻6号869頁	112
広島高判昭和58年10月11日行集34巻10号1757頁	70
京都地判昭和58年10月21日行集34巻10号1784頁	3
大阪高判昭和59年1月25日行集35巻1号8頁	67
東京地判昭和59年1月31日判タ534号140頁	10

判例索引

岐阜地判昭和59年12月 6 日判時1154号83頁・・・・・・・・・・・・・・・・・・・・・・・・・・・・・・・・・・・ 118
最判昭和60年 9 月12日裁判集民145号357頁（川崎市退職金支払事件）・・・・・・・・・ 100, 142
最判昭和61年 2 月27日民集40巻 1 号88頁・・・・・・・・・・・・・・・・・・・・・・・・・・・・・・・・・・ 84, 88
浦和地判昭和61年 3 月31日判時1201号72頁・・・・・・・・・・・・・・・・・・・・・・・・・・・・・・・・ 29, 78
京都地判昭和62年 2 月18日判タ647号135頁・・・・・・・・・・・・・・・・・・・・・・・・・・・・・・・・・・ 92
最判昭和62年 2 月20日民集41巻 1 号122頁・・・・・・・・・・・・・・・・・・・・・・・・・ 45, 48, 69, 71
最判昭和62年 4 月10日民集41巻 3 号239頁・・・・・・・・・・・・・・・・・・・・・・・・・・・・ 10, 12, 85
最判昭和62年 5 月19日民集41巻 4 号687頁（町有地随意契約売却事件）・・・・・・・・・・・・ 130
神戸地判昭和62年10月 2 日判タ671号193頁・・・・・・・・・・・・・・・・・・・・・・・・・・・・・・・・・・ 50
最判昭和63年 2 月25日民集42巻 2 号120頁・・・・・・・・・・・・・・・・・・・・・・・・・・・・・・・・・・ 108
最判昭和63年 3 月10日裁判集民153号491頁・・・・・・・・・・・・・・・・・・・・・・・・・・・・・・・・・・ 13
最判昭和63年 4 月22日裁判集民154号57頁・・・・・・・・・・・・・・・・・・・・・・・・・・・・・・・・・・・ 40
最判昭和63年 4 月22日判時1280号63頁・・・・・・・・・・・・・・・・・・・・・・・・・・・・・・・・・・・・・ 68
和歌山地判昭和63年 9 月28日行集39巻 9 号938頁・・・・・・・・・・・・・・・・・・・・・・・・・・・・・・ 8
京都地判昭和63年11月 9 日判時1309号79頁・・・・・・・・・・・・・・・・・・・・・・・・・・・・・・・・・・ 38
大阪高判平成元年 1 月27日行集40巻 1 ・ 2 号50頁・・・・・・・・・・・・・・・・・・・・・・・・・・・・・ 39
水戸地判平成元年 3 月14日行集40巻 3 号153頁・・・・・・・・・・・・・・・・・・・・・・・・・・・・・・・ 21
最判平成 2 年 4 月12日民集44巻 3 号431頁・・・・・・・・・・・・・・・・・・・・・・・・・・・・・・・・・・・ 28
最判平成 2 年 6 月 5 日民集44巻 4 号719頁・・・・・・・・・・・・・・・・・・・・・・・・・・・・・・・・・・・ 32
仙台高決平成 2 年 9 月 7 日判自77号37頁・・・・・・・・・・・・・・・・・・・・・・・・・・・・・・・・・・・ 120
東京地判平成 3 年 3 月27日行集42巻 3 号474頁・・・・・・・・・・・・・・・・・・・・・・・・・・・・・・・ 33
横浜地判平成 3 年 6 月19日判タ772号147頁・・・・・・・・・・・・・・・・・・・・・・・・・・・・・・・・ 50, 54
最判平成 3 年12月20日民集45巻 9 号1503頁・・・・・・・・・・・・・・・・・・・・・・・・・・・・・・・・・・ 86
最判平成 3 年12月20日民集45巻 9 号1455頁・・・・・・・・・・・・・・・・・・・・・・・・・・・・・・・・・・ 92
最判平成 4 年12月15日民集46巻 9 号2753頁（ 1 日校長事件）・・・・・・・・・・・・・・・ 91, 92, 101
最判平成 5 年 2 月16日民集47巻 3 号1687頁・・・・・・・・・・・・・・・・・・・・・・・・・・・・・・・ 86, 92
東京地判平成 5 年 2 月25日判自122号64頁・・・・・・・・・・・・・・・・・・・・・・・・・・・・・・・・・・・ 48
最判平成 5 年 9 月 7 日民集47巻 7 号4755頁・・・・・・・・・・・・・・・・・・・・・・・・・・・・・・・ 72, 76
大阪地判平成 5 年12月22日行集44巻11・12号1038頁・・・・・・・・・・・・・・・・・・・・・・・・・・・ 3
東京地判平成 6 年12月 5 日民集54巻 9 号2771頁・・・・・・・・・・・・・・・・・・・・・・・・・・・・・・ 75
最判平成 6 年12月20日民集48巻 8 号1676頁・・・・・・・・・・・・・・・・・・・・・・・・・・・・・・・・・・ 98
最判平成 6 年12月22日民集48巻 8 号1769頁（村有地競争入札売却事件）・・・・・・・・・・・・ 130
千葉地判平成 7 年 2 月 6 日行集46巻 2 ・ 3 号133頁・・・・・・・・・・・・・・・・・・・・・・・・・・・・ 108
最判平成 7 年 2 月21日裁判集民174号285頁・・・・・・・・・・・・・・・・・・・・・・・・・・・・・・・ 17, 43
最判平成 7 年 4 月17日民集49巻 4 号1119頁
　　（昼休み窓口業務特殊勤務手当支給事件）・・・・・・・・・・・・・・・・・・・・・・・・・・・・・ 137

179

最判平成 8 年 4 月26日裁判集民179号51頁（ミニパトカー寄付事件）・・・・・・・・・・・・・・・ 133
大阪高判平成 8 年 6 月26日行集47巻 6 号485頁・・・・・・・・・・・・・・・・・・・・・・・・・・・・・・・・・・ 3
名古屋高判平成 8 年 7 月30日判時1582号39頁・・・・・・・・・・・・・・・・・・・・・・・・・・・・・・・・・ 58
富山地判平成 8 年10月30日判タ972号175頁・・・・・・・・・・・・・・・・・・・・・・・・・・・・・・・・・・・ 52
大阪地判平成 9 年 1 月23日判タ962号138頁・・・・・・・・・・・・・・・・・・・・・・・・・・・・・・・・・・・ 58
最判平成 9 年 1 月28日民集51巻 1 号287頁・・・・・・・・・・・・・・・・・・・・・・・・・・・・・・・・・・・・ 46
最判平成 9 年 4 月 2 日民集51巻 4 号1673頁（愛媛玉串料訴訟上告審判決）・・・・・・ 121, 127
札幌高判平成 9 年 5 月 7 日行集48巻 5 ・ 6 号393頁・・・・・・・・・・・・・・・・・・・・・・・・・・・・ 78
名古屋高判平成 9 年 9 月 3 日判タ972号172頁・・・・・・・・・・・・・・・・・・・・・・・・・・・・・・・・・ 51
福岡地判平成10年 3 月31日判時1669号40頁・・・・・・・・・・・・・・・・・・・・・・・・・・・・・・・・・ 7, 108
最判平成10年 6 月16日裁判集民188号675頁・・・・・・・・・・・・・・・・・・・・・・・・・・・・・・・・・ 119
最判平成10年 6 月30日判自178号 9 頁・・・・・・・・・・・・・・・・・・・・・・・・・・・・・・・・・・・・・・・ 29
最判平成10年 7 月 3 日裁判集民189号 1 頁・・・・・・・・・・・・・・・・・・・・・・・・・・・・・・・・・・・ 70
東京地判平成10年 9 月16日判タ1041号195頁・・・・・・・・・・・・・・・・・・・・・・・・・・・・・・・・・ 34
最判平成10年11月12日民集52巻 8 号1705頁・・・・・・・・・・・・・・・・・・・・・・・・・・・・・・・・ 17, 29
最判平成10年12月18日民集52巻 9 号2039頁・・・・・・・・・・・・・・・・・・・・・・・・・・・・・・・・・ 49
最判平成10年12月18日裁判集民190号1089頁・・・・・・・・・・・・・・・・・・・・・・・・・・・・・・・ 68
最判平成10年12月18日判時1663号87頁・・・・・・・・・・・・・・・・・・・・・・・・・・・・・・・・・・・・ 107
最判平成11年 4 月22日民集53巻 4 号759頁・・・・・・・・・・・・・・・・・・・・・・・・・・・・・・・・・・ 112
大阪地判平成11年 9 月14日判時1715号47頁・・・・・・・・・・・・・・・・・・・・・・・・・・・・・・・・・ 118
大分地判平成11年 9 月20日判自200号48頁・・・・・・・・・・・・・・・・・・・・・・・・・・・・・・・・・・ 26
東京地判平成12年 3 月23日判自213号33頁・・・・・・・・・・・・・・・・・・・・・・・・・・・・・・・・・・ 37
東京地判平成12年 8 月29日判時1733号33頁・・・・・・・・・・・・・・・・・・・・・・・・・・・・・・・・・ 82
福岡高決平成12年10月 5 日判自221号57頁・・・・・・・・・・・・・・・・・・・・・・・・・・・・・・・・・・ 79
最決平成13年 1 月25日判自221号55頁・・・・・・・・・・・・・・・・・・・・・・・・・・・・・・・・・・・・・・ 79
京都地判平成13年 1 月31日判自226号91頁・・・・・・・・・・・・・・・・・・・・・・・・・・・・・・・・・・ 25
名古屋平成13年10月 5 日判タ1099号175頁・・・・・・・・・・・・・・・・・・・・・・・・・・・・・・・・・・ 108
東京地判平成14年 6 月21日民集60巻10号3875頁）・・・・・・・・・・・・・・・・・・・・・・・・・・・ 17
最判平成14年 7 月16日民集56巻 6 号1339頁
　（埼玉県議旅行損害賠償請求事件）・・・・・・・・・・・・・・・・・・・・・・・・・・・・・・・・・ 15, 32, 42
最判平成14年 9 月12日民集56巻 7 号1481頁・・・・・・・・・・・・・・・・・・・・・・・・・・・・・・・・・ 40
神戸地判平成14年 9 月19日判自243号77頁・・・・・・・・・・・・・・・・・・・・・・・・・・・・・・・・・・ 10
最判平成14年10月15日裁判集民208号157頁・・・・・・・・・・・・・・・・・・・・・・・・・・・・・・・・・ 44
大津地決平成14年12月19日判タ1153号133頁・・・・・・・・・・・・・・・・・・・・・・・・・・・・・・・・ 120
最判平成15年 1 月17日民集57巻 1 号 1 頁（県議会野球大会旅費等返還請求事件）・・・・ 102
横浜地判平成15年 3 月31日判自247号58頁・・・・・・・・・・・・・・・・・・・・・・・・・・・・・・・・・・・ 7

最判平成16年1月15日民集58巻1号156頁（職員給与支給差止等請求事件）......... 142
大阪高判平成16年2月24日判自263号9頁............................... 96
東京地判平成16年3月25日判時1881号52頁............................. 73
最判平成16年4月23日民集58巻4号892頁
　（はみ出し自動販売機住民訴訟）............................ 27, 29, 31, 145
最判平成16年6月1日判時1873号118頁（農業集落排水工事随意契約事件）....... 131
東京高判平成16年6月8日裁判所ウェブサイト............................ 54
最判平成16年7月13日民集58巻5号1368頁
　（世界デザイン博覧会住民訴訟上告審判決）......................... 150
熊本地判平成16年8月5日判自276号94頁............................... 7
最判平成16年11月25日裁判集民215号693頁............................ 39
東京高判平成17年2月9日判時1981号3頁（昆虫の森負担区分事件控訴審判決）.... 134
最判平成17年4月26日裁判集民216号617頁............................ 118
大阪高判平成17年7月27日裁判所ウェブサイト........................... 31
名古屋高判平成17年10月26日裁判所ウェブサイト........................ 151
最判平成17年10月28日民集59巻8号2296頁（「陣屋の村」補助金交付事件）..... 116, 136
最判平成17年11月10日裁判集民218号349頁
　（日韓高速船株式会社補助金交付事件判決）......................... 152
最判平成17年11月17日裁判集民218号459頁（町有財産低廉価格売却事件）...... 149
最判平成18年1月19日裁判集民219号73頁（元議員会補助金交付事件）......... 135
仙台高判平成18年2月27日判自305号29頁............................. 39
埼玉地判平成18年3月22日判自299号9頁.............................. 100
大阪高判平成18年9月14日判タ1226号107頁........................... 97
仙台高判平成18年9月29日判自289号97頁............................ 150
最判平成18年12月1日民集60巻10号3847頁............................ 17
大阪高判平成19年3月1日判時1987号3頁.............................. 74
最判平成20年1月18日民集62巻1号1頁（宮津市土地開発公社委託契約事件）.... 91, 144
神戸地判平成20年4月24日民集66巻6号2631頁......................... 155
最判平成20年11月27日裁判集民229号269頁........................... 93
最判平成21年4月23日民集63巻4号703頁............................ 119
最判平成21年4月28日判時2047号113頁
　（ごみ焼却施設建設工事指名競争入札事件）......................... 146
広島高判岡山支部平成21年9月17日判時2089号37頁...................... 88
大阪高判平成21年11月27日民集66巻6号2738頁........................ 155
最判平成22年1月20日判時2070号21頁（砂川事件）.................... 128
名古屋地判平成22年7月15日判自345号39頁........................... 75

181

大阪高判平成22年7月23日裁判所ウェブサイト・・・・・・・・・・・・・・・・・・・・・・147
最判平成22年9月10日民集64巻6号1515頁
　（臨時職員に対する期末手当支給事件）・・・・・・・・・・・・・・・・・・・・138
最判平成23年1月14日判時2106号33頁（自治会集会所用地無償譲渡事件）・・・・・・136
最決平成23年7月27日判自359号70頁・・・・・・・・・・・・・・・・・・・・・・122
最判平成23年9月8日裁判集民237号311頁・・・・・・・・・・・・・・・・・・・・119
横浜地判平成23年10月5日判タ1378号100頁・・・・・・・・・・・・・・・・・・・113
最判平成23年10月27日裁判集民238号105頁・・・・・・・・・・・・・・・・・73, 74
最判平成23年12月2日裁判集民238号237頁（賃借料返還等請求事件）・・・・・・・132
最判平成23年12月15日民集65巻9号3393頁（滋賀県行政委員会委員報酬事件）・・・・・141
最判平成24年2月16日民集66巻2号673頁・・・・・・・・・・・・・・・・・・・・81
最判平成24年4月20日民集66巻6号2583頁・・・・・・・・・・・・・・・・・93, 154
最判平成24年4月23日民集66巻6号2789頁・・・・・・・・・・・・・・・・・・・158
東京高判平成24年7月11日判自371号29頁
　（市庁舎建設基本設計業務委託契約解除事件）・・・・・・・・・・・・・・・・148
大阪地判平成25年3月21日裁判所ウェブサイト・・・・・・・・・・・・・・・・・・100
最判平成25年3月21日民集67巻3号375頁（築上町移転補償費支出事件）・・・・・・91, 103
東京地判平成25年6月11日判自383号22頁・・・・・・・・・・・・・・・・・・・・78
最判平成25年7月12日判自373号74頁・・・・・・・・・・・・・・・・・・・・・・98
東京高判平成25年9月19日判自382号30頁・・・・・・・・・・・・・・・・・・・・96
東京地判平成25年10月15日判自377号45頁・・・・・・・・・・・・・・・・・・・・54
最判平成28年7月15日判タ1430号121頁・・・・・・・・・・・・・・・・・・・・・15
最判平成28年7月15日判タ1430号127頁
　（鳴門市競艇従事員共済会補助金交付事件）・・・・・・・・・・・・・・・・・151
高松高判平成29年1月31日判タ1437号85頁・・・・・・・・・・・・・・・・・・・158
最判平成29年9月15日判時2366号3頁（求償権行使懈怠違法確認等請求事件）・・・・・147

著者プロフィール

松村　享（まつむら　すすむ）
名古屋学院大学法学部教授
日本公法学会会員、日本地方自治学会会員

【略歴】
同志社大学法学部法律学科卒業。三重県四日市市役所入庁、総務部総務課長、総務部次長、総務部理事、会計管理者を経て、2018年3月四日市市役所を早期退職し、同年4月から名古屋学院大学法学部教授として行政法、地方自治法等を担当。

著書に「基礎から学ぶ　入門地方自治法」（ぎょうせい　2018年）、「自治体職員のための図解でわかる外部委託・民営化事務ハンドブック」（第一法規　2017年6月）、「憲法の視点からみる条例立案の教科書」（第一法規　2017年3月）などがある。その他に論稿多数。現在「自治実務セミナー」において『はじめてでも大丈夫！住民監査請求・住民訴訟』を連載中。

【講師】
・2008年4月～2018年3月　四日市大学総合政策学部　非常勤講師（行政法）
・2014年4月～現在　同志社大学法科大学院嘱託講師（地方自治法、応用ゼミ）

そのほか、日本経営協会、市町村アカデミー、全国市町村国際文化研修所等で、自治体契約制度、条例論、外部委託制度、情報公開制度、文書管理、コンプライアンス等の講師を務めている。

───────────── サービス・インフォメーション ─────────────
　　　　　　　　　　　　　　　　　　　　　　　　── 通話無料 ──
　①商品に関するご照会・お申込みのご依頼
　　　　TEL 0120(203)694／FAX 0120(302)640
　②ご住所・ご名義等各種変更のご連絡
　　　　TEL 0120(203)696／FAX 0120(202)974
　③請求・お支払いに関するご照会・ご要望
　　　　TEL 0120(203)695／FAX 0120(202)973

●フリーダイヤル（TEL）の受付時間は、土・日・祝日を除く
　9：00〜17：30です。
●FAXは24時間受け付けておりますので、あわせてご利用ください。

紛争リスクを回避する
自治体職員のための住民監査請求・住民訴訟の基礎知識

平成30年11月15日　初版第1刷発行

著　者　松　村　享
発行者　田　中　英　弥
発行所　第一法規株式会社
　　　　〒107-8560　東京都港区南青山2-11-17
　　　　ホームページ　http://www.daiichihoki.co.jp/

紛争リスク回避　ISBN978-4-474-06569-7　C2032　（8）